El riesgo país y las garantías internacionales

Xavier Fornt Alsina

Con la colaboración de:

www.logisnet.com

*Dedicado a mis nietos Edith, Beltrán y Edgar,
miembros de la Generación Z, que vivirán en
un mundo muy globalizado, lleno de procesos
de internacionalización, con la esperanza que
algún día este libro pueda serles de utilidad.*

Índice

Capítulo 3
Garantías internacionales a primer requerimiento.   45

Capítulo 4
Reglas de la Cámara de Comercio Internacional   63

El autor

Licenciado en Ciencias Empresariales y Master en Dirección de Entidades de Crédito por la Universidad Pompeu Fabra, Xavier Fornt Alsina viene desarrollando una amplia labor docente: profesor de Banca Internacional en la Escuela Superior de Comercio Internacional, en la Barcelona School of Management de la Universidad Pompeu Fabra y en la Universidad de Barcelona, ha impartido también diversos cursos y seminarios en Costa Rica, Uruguay, Andorra, México y Cuba. Asimismo es profesor invitado en el IESE y en la New Haven University. Director de las áreas de Internacional de varias instituciones financieras desde 1972, desarrolla una importante actividad en diversos organismos económicos y financieros mundiales: es consultor de la Corporación Financiera

Internacional (CFI) - Banco Mundial, miembro de la Comisión Bancaria y del Grupo de Resolución de Disputas de la Cámara de Comercio Internacional (CCI) de París, así como del Grupo de Expertos Credimpex France, fundador del Grupo de Expertos del Comité Español de CCI y representante español en el Verband der Freien Sparkassen de Alemania. Es autor del libro *Como evitar problemas con créditos documentarios* y es corresponsal en España de las revistas *China Forex, LC Monitor* y *Documentary Credit World.*

Xavier.fornt@prof.esci.upf.edu
Xavier_fornt@yahoo.es

Xavier Fornt Alsina

Prólogo

En las últimas décadas las operaciones de comercio y las inversiones en el exterior han crecido de manera significativa, con las lógicas desaceleraciones provocadas por las crisis económicas mundiales. Las empresas exportadoras se enfrentan frecuentemente a la decisión de seleccionar el mercado geográfico idóneo para establecer acuerdos con clientes y proveedores. De manera parecida, las compañías inversoras eligen aquellos lugares en donde las operaciones de capital ofrezcan mayores rentabilidades. En uno y otro caso, las previsiones de ganancias vienen mediatizadas por los riesgos incurridos. El riesgo de un determinado mercado geográfico para la empresa tiene que ver con la situación que coyunturalmente ofrece su particular ambiente de negocios. Una manera muy extendida de aplicar este concepto en los mercados internacionales es la denominada «prima de riesgo».

El riesgo de las operaciones en el exterior es de distinta índole y suele conocerse como «riesgo país» cuando se concentra en una determinada área geográfica. La prima de riesgo es una medida del riesgo país. Sin embargo, para las empresas, especialmente las de tamaño medio y pequeño, el análisis del riesgo país puede llegar a particularizarse con aproximaciones *ad hoc.* Este tipo de análisis debería acompañar indefectiblemente la decisión de llevar a cabo una operación comercial o una inversión en el exterior, ya sea de tipo directo o de capital. El riesgo soberano, el riesgo financiero, la (in)seguridad jurídica y laboral, el riesgo de transferencia y el riesgo comercial no son más que distintas facetas de un mismo concepto genérico, el riesgo de las operaciones en el exterior.

En esta obra, el profesor Xavier Fornt ofrece al lector un material de gran interés para el profesional que trabaja en mercados exteriores y, como señalaba anteriormente, sobre todo para las pymes. La aproximación metodológica seguida por el autor está orientada a la guía práctica y, para ello, conjuga muy hábilmente los conceptos y la terminología básica con ejemplos de estudio basados en casos reales. Xavier Fornt es profesor, entre otros cursos, del Máster Universitario en Negocios Internacionales de la UPF Barcelona School of Management. Licenciado en Ciencias Empresariales y Máster en Dirección de Entidades de Crédito, en los últimos años ha desarrollado su trayectoria profesional en entidades internacionales de gran prestigio como, por ejemplo, la Corporación Financiera Internacional (CFI) del Banco Mundial. Es miembro, en calidad de consultor, del Comité Bancario de la Cámara de Comercio Internacional (CCI) y representante español en el Verband der Freien Sparkassen, en Alemania. Analista empedernido, tanto en su campo de experiencia profesional como en lo relacionado con sus aficiones personales, en su trabajo conjuga pasión y rigor con grandes dosis de empatía. Esto le confiere una especial característica, muy bien valorada por sus lectores y asistentes a las sesiones de formación: la capacidad de adaptar sus conocimientos al nivel de transcendencia de los aspectos tratados, a su importancia en el proceso de adquisición de competencias.

La experiencia profesional de Xavier Fornt le permite incidir de manera más acusada en aquellos obstáculos con los que topa una empresa con vocación internacional. Por todo ello, esta obra constituye un material de soporte imprescindible para cualquier profesional que desee conocer los pormenores de los negocios internacionales, ya sea desde la perspectiva de las operaciones de comercio de mercancías en el exterior, como de las inversiones productivas y de capital, y de las finanzas internacionales.

De este modo, el lector dispondrá de los conocimientos indispensables para interpretar mejor los mapas de riesgo país que, a menudo, ofrecen entidades de apoyo a la presencia exterior de las empresas, como hace CESCE (Compañía Española de Seguros de Crédito a la Exportación), que gestiona el seguro público de crédito y de inversiones.

Para los programas en Negocios Internacionales de la UPF Barcelona School of Management es un verdadero orgullo y honor contar con la dedicación de Xavier Fornt como integrante de su claustro de profesores. Para mí, como compañero y amigo, es un placer presentar este libro suyo y no puedo dejar de solicitar, finalmente, que nos siga deparando obras como esta para difusión y disfrute de los interesados en el negocio internacional.

CARLES MURILLO FORT
*Fundador y director de los programas de Negocios
Internacionales de la UPF Barcelona School of Management*

El riesgo país y las garantías internacionales

Capítulo 1
Riesgos en procesos de internacionalización

El riesgo es algo inherente e inevitable en cualquier proceso de internacionalización. Analizarlo no resulta fácil, pero es obvio que debemos abordarlo. La posición del analista de riesgos en el seno de una organización empresarial no siempre es agradable. Con frecuencia, se lo ve como la persona que frena expectativas, que resalta solo los posibles problemas, en definitiva, que va a «poner palos en las ruedas» de un proyecto.

Nada más lejos de la realidad. Convendremos que la función del analista de riesgos es muy necesaria para evitar que un proyecto descarrile y que este fracaso se lleve por delante también la imagen o la solvencia de toda la empresa. El buen analista no solo debe detectar los problemas y los puntos débiles del proyecto, sino también apuntar posibles soluciones para resolverlo. El hecho de limitarse exclusivamente a la fase de detección y denuncia es lo que fomenta esta imagen negativa del analista dentro de una organización.

El gran objetivo de un análisis de riesgos debe ser transformar las incertidumbres en riesgos calculables, y más cuando el proyecto debe desarrollarse fuera de nuestras fronteras, a veces en países lejanos, con culturas distintas y desconocidas. Por todo ello, si el análisis de riesgos resulta siempre necesario, lo es mucho más en procesos de internacionalización.

¿Existe el riesgo cero?

Desde un punto de vista meramente teórico, podríamos decir que sí. Basta con abstenerse, no emprender nada, no entrar en procesos desconocidos ni meterse en camisas de once varas. Pero... siempre hay un pero. Y en este caso tiene mucha importancia

Si nos abstenemos, si no emprendemos nada, si no entramos en procesos desconocidos, quizá moriremos de inanición. Eso sí, no habremos corrido ningún riesgo, pero el precio pagado por ello habrá sido altísimo. Por lo tanto, en el mundo empresarial, el riesgo cero no existe. Otra cosa es intentar correr los menores riesgos posibles en los procesos de internacionalización, pero siempre habrá riesgos en ellos.

Esta expresión anglosajona significa «sin dolor no hay ganancia», lo que equivale a aquello de que sin riesgo no hay beneficio. Pero, ¿qué ratio de proporcionalidad existe entre riesgo y beneficio?

Si consideramos que riesgo cero es igual a beneficio cero, supongamos que deseamos correr un riesgo de 10 que nos llevaría a un beneficio de 100. Siguiendo por ese camino, ¿podríamos decir que un riesgo de 100 nos llevaría a un beneficio de 1.000, y que para obtener beneficios de 10.000 deberíamos correr un riesgo de 1.000?

La respuesta es no. Lo único cierto de esta pirámide es la base de partida, donde riesgo cero es igual a beneficio cero. El resto no guarda ningún criterio de proporcionalidad matemática. Cada proyecto es distinto, con sus niveles de riesgo y de beneficio esperados.

A la parálisis por el análisis

Es evidente que para sacar adelante procesos de internacionalización, debemos verlo muy claro. Es decir, hay que analizarlos con detalle y con profundidad, una o más veces, pero tampoco más de las necesarias.

A veces, para hacer frente a las indecisiones, se decide hacer nuevos análisis y si aquellas persisten, otros más y así sucesivamente hasta que se llega a paralizar el proyecto. Y cuando luego este se desencalla, a veces se llega tarde, porque la competencia se ha adelantado.

Análisis de riesgos en cuatro fases

Para efectuar el análisis de riesgo de un proceso de internacionalización, hay que manejar una ingente cantidad de datos, y es obvio que esto debe hacerse de manera ordenada. Conviene hacerlo en etapas sucesivas:

1. **Identificación**

   Debemos comenzar por identificar los posibles riesgos del proyecto. En esta fase es mejor pecar por exceso que por defecto. El peor riesgo es el que no hemos sido capaces de identificar.

2. **Análisis**

   Cada uno de los riesgos identificados debe ser analizado para determinar su importancia y su duración en el tiempo. No todos los riesgos son igual de importantes ni permanecen vigentes a lo largo de todo el proyecto. Es importante, pues, determinar su ponderación y su «vencimiento».

3. Cobertura

Debemos intentar hallar una posible cobertura, total o parcial, para todos los riesgos. Puede hacerse una cobertura a través de aseguradoras o de operaciones financieras. O mediante la formación adecuada.

4. Costos

Cualquier cobertura tiene un costo. Será necesario que evaluemos la relación «calidad-precio» de la cobertura, y si la hacemos desde la matriz o desde el destino del proyecto.

La carta de riesgos

Los riesgos son distintos para cada proyecto, en función de sus características. No podemos, pues, tomar un modelo único que sirva para todos los proyectos. No resultará útil un menú único, igual para todos. Como en los buenos restaurantes, debemos comer a la carta, escogiendo los platos apropiados para cada circunstancia. Esa sería la carta de riesgos, de la que vamos a tomar los que más nos convengan.

Riesgo país

Sin duda, este es el riesgo más importante en los procesos de internacionalización, y por ello, vamos a dedicarle una parte de este trabajo, lo que nos permitirá analizarlo con la profundidad que requiere.

Riesgo contractual

Riesgo derivado de una mala redacción contractual, especialmente si no quedan bien determinadas y concretadas las cláusulas de penalización o rescisión en caso de incumplimiento. Los servicios jurídicos pueden encallarse con facilidad en la redacción de contratos, discutiendo pormenores a veces intrascendentes. Se recomienda tomar como base de trabajo modelos de contratos estandarizados que publica la Cámara de Comercio Internacional y que abarcan desde el contrato de compraventa y agencia comercial hasta los de empresa conjunta o *joint venture*, pasando por fusiones y adquisiciones, transferencia de tecnología, subcontrataciones y un larguísimo etcétera, que abarca prácticamente todo tipo de situaciones.

Riesgo fiscal

Riesgo derivado de posibles cambios desfavorables en la legislación fiscal o impositiva que distorsionen nuestras previsiones. Muchos países, para atraer inversión extranjera, ofrecen ventajas fiscales durante cierto período de tiempo, pero estos acuerdos pueden reducirse o incluso suspenderse con un cambio de régimen.

Riesgo comercial

Como sucede en las operaciones de mercado doméstico, es el riesgo derivado de posibles errores en las estrategias de mercadotecnia o *marketing*, de anulaciones de pedidos, de demoras en los pagos o incluso de impagos totales. Aunque, como ya se ha dicho antes, el riesgo comercial no es imputable al riesgo país, debe ser contemplado en la carta general de riesgos.

Riesgo logístico

Los procesos logísticos inadecuados (embalajes inapropiados, transportes más largos de lo deseable, etc.) en general pueden comportar serias dificultades para el buen fin de nuestras operaciones internacionales. Ejemplos claros de ello son la contratación de medios de transporte inadecuados, especialmente cuando se requieren determinadas condiciones de refrigeración, embalajes de protección especial por la fragilidad de las mercancías o incluso los requisitos obligados en el transporte de mercancías consideradas peligrosas.

Riesgos catastróficos

Son los derivados de catástrofes (guerras, motines, huelgas, inundaciones, terremotos, etc.). En este apartado se puede distinguir entre riesgos imprevisibles (por ejemplo, terremotos e inundaciones) y previsibles (por ejemplo, huelgas y motines). Así, efectuar embarques de mercancías perecederas por avión conociendo un anuncio de huelga aeroportuaria sería un riesgo previsible.

Riesgos de mercado

Se trata básicamente de los riesgos inherentes a los mercados financieros: riesgos de cambio y de tipos de interés, ambos con la posibilidad de aplicar coberturas financieras. En los riesgos de cambio se ofrecen coberturas mediante seguros de cambio o *interest rate swaps* (IRS).

Riesgo de volatilidad

Es el que puede conducir a la pérdida de valor de determinados activos que sufren variaciones frecuentes y muy elevadas en sus precios de mercado.

Riesgo tecnológico

Es el derivado del uso o la implantación de tecnologías. En un mundo cada vez más digitalizado, hay prestar mucha atención al riesgo cibernético, que supone la entrada en nuestros sistemas informáticos de *hackers* que pueden desviar pagos o hacerse con datos confidenciales. Asimismo debe evaluarse el riesgo de escoger sistemas y tecnologías inapropiados.

Riesgos interculturales

En los procesos de internacionalización, como hemos apuntado anteriormente, debemos tratar con personas y organizaciones de culturas lejanas, a veces muy distintas de la nuestra, y resulta relativamente fácil llevar a cabo acciones o propuestas que pueden chocar frontalmente con la cultura de nuestros socios o *partners*, incluso ofenderlos o hacer fracasar el proyecto. Se trata de cosas tan simples como ofrecerles jamón o alcohol a los árabes, o besar a una señora nórdica en el primer encuentro. En el mundo existen numerosas culturas, anglosajonas, latinas, nórdicas, árabes, subsaharianas, etc., cada una con sus características que debemos conocer y analizar previamente para no incurrir en este riesgo. En cualquier caso, hay que huir de los tópicos y los estereotipos y conocer bien a nuestros socios.

Riesgo de liquidez

Es el derivado de no poder deshacerse de activos con la rapidez deseada. En algunas ocasiones, cuando se precisa liquidez de forma urgente o imprevista y los activos de los que podríamos deshacernos no cotizan, tendremos que acabar vendiéndolos a precios muy por debajo del que se considera su valor habitual.

Nuevos riesgos

La globalización implica la aparición de nuevos tipos de riesgos, impensables en periodos económicos anteriores, como los derivados de la emergencia medioambiental o los sistémicos, especialmente las dificultades de las entidades financieras por causas de liquidez o volatilidad. La lista de nuevos riesgos podría llegar a ser muy extensa.

Cómo afrontar los riesgos

- Salir de la zona de confort no siempre es fácil.
- Cuando se sale de ella, lo importante es no traspasar la frontera que nos lleva de la zona de riesgo a la de temeridad.
- La aventura es peligrosa, pero el inmovilismo resulta mortal.
- Es posible que el riesgo dinerario no sea el más importante.
- El riesgo más peligroso es el que no hemos sabido detectar.

Capítulo 2
El riesgo país

Sobre la temática de riesgo país, el más importante en los procesos de internacionalización, se han escrito centenares de libros, se han publicado análisis y estudios de todo tipo y se ha definido el concepto de muchas maneras diferentes. No en vano este es un tema de suma importancia a la hora de analizar posibles inversiones en países extranjeros, ya sean de bienes o servicios.

Constantin Zopounidis y Panos M. Pardalos lo definieron en 1984 como la probabilidad de que un país no sea capaz de generar suficiente moneda extranjera para pagar sus obligaciones a acreedores externos. Con esta definición, los autores parecen centrarse solo en uno de los dos tipos de riesgo país existentes, concretamente el riesgo de transferencia, que veremos más adelante.

John Calverley, por su parte, lo definió en 1990 como las pérdidas potenciales financieras y económicas debidas a las dificultades que fluyen desde la política y la macroeconomía de un país. Este autor se limitaba a reconocer exclusivamente las pérdidas dinerarias e ignoraba las de derechos no dinerarios, como veremos también más adelante. Asimismo, parecía limitar, en esta época, el riesgo país a la influencia de factores políticos y económicos, y obviaba los factores sociales, muy importantes ahora y que también analizaremos en esta obra.

Mucho más completa sería la concepción de riesgo país expuesta en un documento de trabajo de Silvia Iranzo, publicado por el Banco de España en 2008, que nos permitiría definirlo como las circunstancias diferentes del riesgo comercial que pueden impedir la ejecución de nuestros derechos y ser ajenas al deudor.

En primer lugar hay que distinguir claramente el riesgo país del comercial. El riesgo de apostar por una estrategia de diseño, de distribución, de precios equivocados o de previsiones de ventas erróneas que hagan fracasar nuestro proyecto de internacionalización debe ser considerado como riesgo comercial y, por lo tanto, absolutamente diferente del concepto de riesgo país. El riesgo comercial se puede dar en cualquier país e incluso en las operaciones de mercado doméstico.

Tampoco puede considerarse riesgo país el hecho de no informarse suficientemente sobre la solvencia de los posibles compradores extranjeros, que acaben siendo insolventes, ya que desafortunadamente existen personas de este tipo o de mala fe en todos los países del mundo.

Según esta definición, el riesgo país puede afectar a todos nuestros derechos e incluye, por lo tanto, derechos no dinerarios, por ejemplo, derechos de imagen. En algunas ocasiones, los derechos dinerarios no son los más importantes. Así pues, en este epígrafe podríamos incluir la imposibilidad, momentánea o no, de repatriar el capital invertido, de sacar del país los dividendos o de hacer respetar los derechos de autor, las patentes y las marcas.

Finalmente, la definición acaba constatando que estas incidencias pueden ser ajenas al deudor, que puede tener la firme voluntad de pagar e incluso el dinero para hacerlo en moneda local, pero que se lo impidan circunstancias relacionadas con el control de cambios, lo que se produce con cierta frecuencia. Por ejemplo, durante el tristemente famoso «corralito» en Argentina, donde los importadores de este país disponían de fondos suficientes para atender los pagos debidos, pero no se les otorgaban las oportunas licencias para efectuar pagos al exterior en divisas.

Clases de riesgo país

Hay que diferenciar dos clases de riesgo país:

- **Riesgo soberano** es el riesgo de impago cuando el deudor es el propio Estado. Sería el caso del impago o *default* de un Estado en el reembolso de bonos o deuda pública, o también en la compra de bienes o la prestación de servicios. Así, podría suceder que, al vencimiento de unos bonos u obligaciones emitidos por el propio Estado, este no estuviera en condiciones de reembolsar estas deudas, ni de poner en el mercado una nueva emisión para amortizar la anteriormente vencida.

- **Riesgo de transferencia** es la suspensión momentánea de pagos en divisas de un Estado como consecuencia de una falta o un descenso importante de sus reservas de divisas. El riesgo de transferencia está asociado a las operaciones comerciales y suele ser transitorio, ya que, de continuar en el tiempo, las empresas de este país no verían atendidos sus pedidos internacionales.

Las diferentes agencias de calificación de riesgos o *rating* están especializadas en uno u otro tipo de análisis de riesgo. Así, mientras algunas como Fitch, Moody's o Standard & Poor's se han especializado en las clasificaciones de riesgo soberano, otras como CESCE o Coface están más centradas en análisis de riesgo de transferencia y sectoriales. Pueden consultarse sus respectivas webs para verificar este punto.

La forma de expresar los resultados es diferente entre las agencias que califican el riesgo soberano y las compañías aseguradoras que analizan los riesgos sectoriales de transferencia. Mientras las primeras utilizan claves o códigos preestablecidos, las segundas emplean informes más subjetivos. Las calificaciones que utilizan las agencias de calificación de riesgos no son fácilmente comparables entre sí, ya que cada una dispone de su propia nomenclatura.

- **Los resultados obtenidos del análisis no tienen validez indefinida.** Vivimos en un mundo globalizado y extremadamente cambiante, y la velocidad de los cambios hace que las conclusiones de un análisis de riesgo país dejen de tener validez con bastante facilidad. No tendría ningún sentido aprovechar datos de estudios efectuados con anterioridad, si retomamos el proyecto al cabo de, por ejemplo, un año.

- **Fuentes diversas, datos diversos.** Un mismo concepto puede estar expresado en diferentes divisas, períodos o incluso parámetros, por lo que no es difícil encontrarse con datos divergentes. También es importante conocer la fuente de estos datos, ya que, según su origen, pueden tender a ser excesivamente benévolos o a enmascarar realidades crueles.

- **El efecto contagio.** Los países no están solos ni aislados, sino que tienen una notable interrelación entre ellos. Como consecuencia, algunas veces la crisis de un país afecta profundamente a otro. A ese fenómeno se le conoce como el efecto dominó, por lo que, al analizar un país, debemos echar un vistazo también a su entorno y a sus socios o *partners* habituales.

Para el análisis de riesgo país se debe tener muy en cuenta la operación concreta que se está analizando. Debe efectuarse este análisis en función de qué vamos a hacer, con quién y dónde lo haremos.

- **El qué vamos a hacer** se centra en la naturaleza de la inversión: por ejemplo, establecimiento de una simple oficina de representación, de una sucursal, de una filial o de una inversión financiera. Es evidente que las necesidades para una u otra elección son muy diferentes. Para las apuestas más complejas, deberemos analizar el largo plazo, mientras que para las más simples es posible que baste el análisis a corto plazo. Así, para establecer simplemente una oficina de representación, bastaría con analizar el riesgo país en el corto plazo, ya que una inversión de esta naturaleza es tan solo un paso inicial, de cuyos resultados dependen la continuidad en la inversión o el desmantelamiento de la oficina, si no son los esperados. En cambio, si superamos este primer paso y tratamos de constituir un depósito de productos a comercializar o, mucho más allá, construir una fábrica, no podemos contentarnos con un análisis del riesgo país a corto plazo y deberemos alargar la mirada hacia la evolución en el medio y largo plazo, toda vez que este tipo de inversiones supone una voluntad de permanencia en el tiempo.

- **Con quién lo vamos a hacer** implica analizar si vamos a operar en solitario, con un socio local, en forma de una empresa conjunta o *joint venture*, creando, o no, una nueva sociedad o adquiriendo una ya existente. Cada una de estas posibles fórmulas presenta ventajas e inconvenientes, pero hay que cuidar muy especialmente la elección del socio local, si esta es la fórmula por la que nos decidimos. La decisión de operar en solitario, poco aconsejable para inversiones más complejas, presenta la gran ventaja que no hay que consultar o discutir nuestras decisiones con nadie y, por tanto, la primera fase será mucho más plácida que si se opta por ir con un socio local, aunque se corre el riesgo desconocer los usos y costumbres de este mercado. De todas formas, los proyectos de empresa conjunta requieren un conocimiento muy detallado del socio local, cuya elección es crucial en la inversión. Hay que tener en cuenta cinco conceptos clave a la hora de elegir el socio local:

- Afinidad de cultura y estilo de dirección.
- Sinergias estratégicas.
- Compatibilidad y complementariedad.
- Economías de escala.
- Definición exacta de los límites de control.

* **Dónde lo haremos** significa elegir no una zona geográfica, sino un país o localidad concretos. Para proyectos en países de extensión geográfica muy grande, como China, Rusia o Estados Unidos, deberemos apostar por una estrategia de puntos múltiples si queremos abarcar el conjunto de ese territorio. Sin embargo, para países con un área geográfica reducida, como Suiza, Costa

Rica o Togo, puede bastar una estrategia de punto único.

Análisis dinámico del riesgo

No se puede hacer el análisis de riesgo país tan solo con unos datos estáticos de un momento determinado, sino con que se necesita una visión más amplia. Concretamente, se ha de analizar la evolución, la situación actual y las perspectivas futuras. Por lo tanto, deben estudiarse los datos del pasado para conocer la evolución del país y hay que contemplar la situación actual para poder hacer previsiones de futuro. No podemos trabajar solo con datos actuales. El análisis de un dato, a una fecha concreta, es como una foto fija que no nos permite ver qué ha sucedido antes, cómo se ha llegado hasta allí. Y sin una perspectiva evolutiva es prácticamente imposible hacer previsiones de tendencias futuras. Véase el siguiente ejemplo:

– El crecimiento del PIB del país A es de un 5 % anual.
– El crecimiento del PIB del país B es de un 1 % anual.

Con estos datos únicos de la actualidad, parecería más aconsejable invertir en el país A, que es el de mayor crecimiento. Sin embargo, si observamos la evolución del crecimiento del PIB de cada país en los últimos cinco años, vemos que:

- El país A, pasa del 8 % al 7,5 %, al 7 %, al 6 % y ahora al 5 %.
- El país B, pasa del –2 % al –1 %, al 0 %, al +0,5 % y ahora al +1 %.

Con esta tendencia, quizá resultaría más aconsejable invertir en el país B.

Factores de riesgo políticos

En un buen análisis de riesgo país deberían contemplarse factores políticos, económicos y sociales, pero se ha de tener en cuenta en todo momento que los análisis son muy subjetivos. Los debe preparar y evaluar cada uno y, por lo tanto, los resultados y las conclusiones finales pueden resultar diferentes. Los factores políticos a contemplar en un análisis de riesgo son:

- *Estabilidad.* Se trata de analizar con qué frecuencia se producen vaivenes y cambios políticos, y la profundidad de los mismos.
- *Nacionalizaciones.* Hay países que tienen cierta tendencia a nacionalizar empresas y sectores que

consideran estratégicos, llegando a expropiaciones que no gustan nada a los inversores extranjeros aunque puedan ser compensadas.

- *Burocracia y corrupción.* Nuestro proyecto no puede verse paralizado ni extorsionado por estas lacras políticas.
- *Control de cambios.* Se trata de asegurarnos de que podamos repatriar dividendos o capitales sin excesivas trabas.
- *Leyes y tratamiento de inversiones extranjeras.* ¿Ofrecen exenciones fiscales? ¿Hay tratamiento preferente para las inversiones extranjeras?
- *Fuerza legal de los contratos.* Desgraciadamente, en algunos países los contratos tienen una fuerza legal nula o muy baja, y podemos quedar desprotegidos.
- *Acceso a los mercados monetarios.* Verificar si, en caso de precisar crédito, tendremos acceso, como extranjeros, a los mercados monetarios locales y en qué condiciones.
- *Comunicaciones y transportes.* Estudiar las redes de comunicaciones, puertos, aeropuertos y todo lo relativo a las infraestructuras logísticas.
- *Fuerza laboral.* En caso de precisar personal local, verificar que no existan impedimentos para su contratación.
- *Evolución de la calificación de riesgos.* Las agencias de calificación de riesgos o *rating*, aunque evalúan

básicamente el riesgo soberano, nos proporcionan una impresión imparcial del riesgo país. Es importante comprobar cómo evolucionan estas calificaciones.

Factores de riesgo económicos

- *Decrecimiento del país.* El PIB, en sus distintas formas, es un índice que refleja el crecimiento de los países. Crecimientos negativos o prolongadamente cercanos a cero reflejan lo que puede denominarse «encefalograma plano».
- *Tipos de interés.* Es un análisis básico para proyecciones de endeudamiento.
- *Tipos de cambio.* Se ha de tener en cuenta su evolución para calcular su repercusión en la repatriación de beneficios o capitales invertidos.
- *Inflación.* Existen países con tendencias hiperinflacionistas en los que es muy difícil efectuar previsiones a medio y largo plazo.
- *Balanza de pagos.* Nos permite analizar la estructura de las exportaciones e importaciones del país, así como de sus ingresos y gastos por servicios.
- *Reservas de divisas.* Estas se ven afectadas por la balanza de pagos. Cuando se detectan bajadas

continuadas de niveles de reservas, se puede llegar al riesgo de transferencia por falta de divisas.

- *Déficit público.* Permite analizar la política económica de los países y sus tendencias, y evitar así los que aplican políticas económicas derrochadoras o desajustas.
- *Deuda pública.* Un exceso constante del déficit conduce a un incremento de los niveles de deuda pública, nada convenientes para la inversión extranjera.
- *Fiscalidad.* Inevitablemente, en todos los países debe hacerse frente a obligaciones fiscales, pero existen diferencias muy notables entre unas políticas fiscales y otras.
- *Diversificación económica.* Cuando la economía de un país está basada en un solo sector económico, existe un riesgo evidente ya que depende únicamente del comportamiento de este sector. La diversificación es mucho más tranquilizadora.

Factores de riesgo sociales

- *Pirámide de edad.* Hay países envejecidos y otros más jóvenes, puntos para analizar en función de nuestro proyecto.
- Índice de alfabetización. Es el nivel básico de la cultura de un país.

- *Niveles de educación universitaria.* Es especialmente interesante conocer en qué sectores se dan.

- *Tasa de desempleo.* Si es muy alta, suele llevar aparejados sueldos muy bajos pero constituye un peligro latente de revueltas sociales.

- *Emigración.* En un planeta con tendencias nómadas, deberemos conocer y analizar a dónde se dirigen los emigrantes de ese país.

- *Inmigración.* Igualmente deberemos analizar la procedencia de los inmigrantes.

- *Cultura de la mujer.* En el mundo viven 3.650 millones de mujeres que representan la mitad de la población total, pero lamentablemente no gozan de las mismas libertades en todos los países.

- *Mafias y grupos ilegales.* En algunos países existen mafias y grupos ilegales que presionan o extorsionan a los inversores extranjeros.

- *Aceptación del extranjero.* Mientras en algunos países los extranjeros son bienvenidos, en otros son poco aceptados o rechazados. Este extremo es de vital importancia a la hora de internacionalizarse.

- *Organizaciones sindicales.* Deberemos analizar la fuerza de las organizaciones sindicales, especialmente si precisamos contratar personal local en nuestro proyecto.

Otros factores de riesgo

Aparte de los indicados, existen otros factores de riesgo, algunos de los cuales ya hemos apuntado en el capítulo dedicado a los riesgos en la internacionalización y que no tienen encaje concreto en ninguno de los epígrafes anteriores, pero que no por ello resultan menos importantes. Son factores nuevos que van surgiendo con la evolución de la globalización y que deben tenerse en cuenta también.

- *Epidemias sanitarias.* Entre las más conocidas figuran las de las vacas locas (encefalopatía enpongiforme bovina), la gripe aviaria, el ébola y el coronavirus (covid-19), que merecen ser analizadas para comprobar si pueden afectar al país destino de nuestro proyecto de internacionalización.
- *Cambio climático.* Es un factor innegable, y distintas zonas del mundo llegan a verse afectadas de diferentes formas. El calentamiento global, las sequías, las inundaciones y otros fenómenos virulentos pueden tener, sin duda, influencias muy negativas en nuestro proyecto.
- *Riesgos sistémicos.* La inevitable interconexión de los factores que hemos visto, sean políticos, económicos o sociales, puede dar lugar, en el peor de los casos, a colapsos del sistema. Especial impor-

tancia tiene el riesgo sistémico que puede afectar a entidades financieras.

- *Terrorismo.* Desgraciadamente, desde que el 11 de septiembre de 2001 el mundo asistió atónito a unos ataques en Nueva York, impensables hasta entonces, el fenómeno del terrorismo no ha cesado de ser una amenaza.
- *Riesgo cibernético.* Quizá sea este el concepto que más se ajusta al término «nuevos factores de riesgo». Habrá que seguirlo, pero es posible que experimente una evolución muy rápida y se incluya de manera permanente entre los riesgos a analizar.

Fuentes de información

Las fuentes de información utilizadas para el análisis de riesgo país son muy importantes ya que deben ser fiables y actualizadas. Entre las muchas que existen, cabe destacar *The World Factbook*, publicado por la Agencia Central de Inteligencia (CIA) de Estados Unidos, con una información muy profunda y actualizada de todos los países, tanto de factores políticos, como económicos o sociales, y para conceptos más prácticos, el informe *Doing Business* del Banco Mundial, ambos accesibles desde sus respectivas webs corporativas.

Capítulo 3
Garantías internacionales a primer requerimiento

Una las funciones que desempeñan las entidades financieras en el comercio exterior es la de prestar, por cuenta de sus clientes, distintos tipos de avales y garantías internacionales. En este tipo de operaciones no deben desembolsar inicialmente cantidad alguna, ya que lo único que se aporta en una garantía es el compromiso de pago en caso de que el deudor principal no lo haga. Estas operaciones se conocen en el mundo bancario internacional como «riesgo de firma», es decir, riesgo que se asume como consecuencia de haber firmado el aval o garantía.

Existen varios tipos de avales y garantías, jurídicamente diferentes unos de otros, pero este libro no es de tipo jurídico y, por lo tanto, no vamos a entrar en los pormenores legales de cada uno de ellos.

En el comercio internacional, se utilizan básicamente las garantías conocidas como a primer requerimiento *(first demand guarantees)*. Se trata de un tipo de garantías independientes, en las que, como su nombre indica, el garante debe pagar al primer requerimiento que se le haga. Se usan en comercio internacional porque, con este tipo de compromiso, se evita tener que pleitear ante tribunales de distintos países, cada uno con legislación y costumbres diferentes, lo que ralentizaría mucho estas decisiones. También el hecho de que sean garantías independientes del contrato que las sustenta hace que para ejecutarlas no se deba esperar a la finalización total de aquel.

En el comercio internacional se busca básicamente la rapidez, sin tener que pasar por los complejos engranajes jurídicos que, además, son diferentes en cada país. Por ello, las reglas de la Cámara de Comercio Internacional, que veremos posteriormente y a las que se acogen muchas de estas garantías, son fundamentales para conseguir una operativa ágil.

Derechos y obligaciones contractuales

Con la firma de un contrato, se establecen para las dos partes firmantes una serie de derechos y obligaciones que conviene tener claros. El cumplimiento de cada una de estas obligaciones otorga un derecho a quien las cumple, y el derecho del uno significa a su vez una obligación para la otra parte.

Por ejemplo, una empresa italiana firma un contrato con una firma argentina para comprar 500 kg de filetes de carne argentina, que deben estar en Italia antes del 1° de diciembre, para su venta navideña. El exportador argentino está obligado a suministrar la mercancía en tiempo y forma al comprador italiano. El cumplimiento de esta obligación le va a otorgar el derecho a cobrar el producto de esta venta. Por su parte, el comprador italiano adquiere, tras la firma del contrato, el derecho a recibir la mercancía en tiempo y forma convenidos (lo que constituye la obligación de la otra parte).Y el ejercicio de este derecho le va a comportar al importador italiano una obligación que es la de pagar (lo que constituye un derecho para el exportador argentino).

En las garantías que corresponden a las operaciones de compraventa, las obligaciones que suelen cubrir no van más allá del envío y de pago, pero en otras operaciones internacionales, tales como las licitaciones y concursos, las garantías se instrumentan a veces en etapas previas a la operación y continúan un tiempo después de finalizada la misma.

Las empresas que firman un contrato están más preocupadas de que se cumplan las obligaciones de la otra parte que las suyas propias y, por ello, se suele exigir una garantía o aval que ampare estos derechos. Así, tendríamos que la empresa importadora está preocupada por recibir la mercancía en tiempo y forma debidos (obligación de la exportadora) y la empresa exportadora, por el cobro de la operación (obligación de la importadora).

Para reforzar sus derechos, las partes exigen garantías, recabando de un tercero (el garante) que cumpla con las obligaciones de la otra parte si esta no lo hiciera. Suele requerirse que el garante, es decir, la figura que emite la garantía, sea una entidad de mayor envergadura y solvencia económica que el propio garantizado. No tendría sentido que una persona con unos ingresos de 1.000 € mensuales avalase las obligaciones de una persona con unos ingresos de 100.000 € mensuales, o una operación de 1.000.000 €.

Para que la garantía acabe formalizándose es necesario que un garante se preste a emitirla y el beneficiario de la misma la acepte, ya que si ofrecemos una garantía de una entidad muy débil y no fuese aceptada, seguramente no tendría lugar la operación. Por lo tanto, tendríamos, en su forma más simple, tres partes en una garantía:

- La ordenante de la garantía *(applicant)*, que sería la figura garantizada.
- La emisora de la garantía, a la que se conoce como la garante.
- La beneficiaria de la garantía, que es quien la recibe a su favor.

En otro apartado, veremos que pueden intervenir más de tres partes en una garantía internacional.

Garantías técnicas y garantías económicas

Las obligaciones de las dos partes en los contratos son de tipo bien distinto, según sean de carácter técnico o financiero. Por ejemplo, en un contrato de compraventa se acuerda el envío de artículos navideños hechos a mano en madera, que deben estar en los almacenes de la empresa compradora antes del 24 de noviembre, para que le dé tiempo a distribuirlos. La compradora desea reforzar esta obligación de la vendedora incluyendo una garantía mediante la cual, si este incumpliera alguna de estas condiciones (enviar la mercancía después del 24 de noviembre o mandar piezas de madera fabricadas mediante molde), se vería compensada por este incumplimiento.

Esta sería una garantía técnica, toda vez que las obligaciones que se cubren no son de carácter financiero, sino de aspectos contractuales. Se llaman también garantías no dinerarias, porque lo que se paga no es una cantidad debida, sino una compensación por el incumplimiento. Esta compensación o indemnización es del importe previsto en la garantía. En los contratos de obras, son muy frecuentes este tipo de garantías que penalizan el incumplimiento de plazos de entrega por cada día de retraso.

Diferentes son las garantías llamadas económicas o dinerarias. En un contrato, la parte compradora tiene la obligación de efectuar los pagos en la forma y en los plazos convenidos. Esta obligación es una de las que más preocupan a la vendedora, por lo que es muy frecuente que pida garantías para cubrirla. La garantía se ejecutaría y obligaría al garante a efectuar estos pagos, si la compradora no cumpliese con su obligación de hacerlos en las fechas previstas.

Garantías directas y contragarantías

Es muy frecuente que en las operaciones de carácter internacional el garante y el beneficiario pertenezcan a países distintos, por lo que cabe la posibilidad de que el segundo no conozca suficientemente al primero (ni su solvencia) y, en consecuencia, no acepte la garantía. Se trabaja entonces con una figura a cuatro en la que se pone en juego una contragarantía.

Podemos, pues, afirmar que una garantía directa es aquella en la que el beneficiario conoce y acepta al garante, y se muestra conforme con la garantía recibida directamente de él. Las garantías directas son muy habituales en operaciones de mercado doméstico.

En las operaciones de comercio internacional, los beneficiarios de la garantía pertenecen a otro Estado y muchas veces desconocen la reputación y la solvencia del garante, por lo cual es necesario cambiar los papeles y hacer que este sea alguien establecido en el mismo país del beneficiario.

Como puede apreciarse en el esquema operativo, en el paso 1 el ordenante de la garantía, que es el garantizado, le solicita a su entidad financiera que haga llegar una garantía al beneficiario en el extranjero. Esta petición, la hace el contragarante a un banco corresponsal en el país del beneficiario, al que le solicita que, por

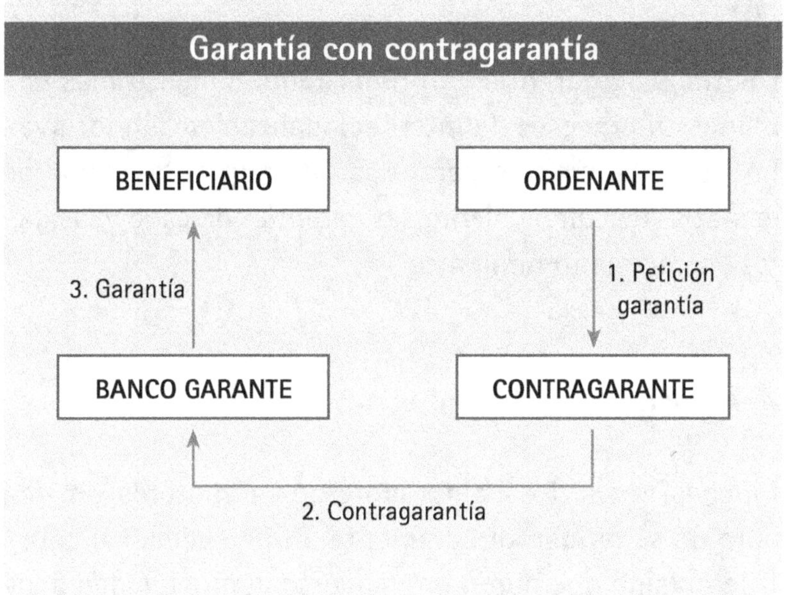

cuenta del ordenante, garantice al beneficiario las obligaciones objeto de la garantía.

Al mismo tiempo, el contragarante se compromete frente al garante a reembolsarle de todos los pagos que como consecuencia de esta garantía tuviera que hacer, según se puede apreciar en el paso número 2.

La garantía la emite pues un banco en el país del beneficiario, cubierto por el compromiso del contragarante, como se ve en el paso número 3.

La mayoría de las operaciones de comercio internacional funcionan con este sistema.

Tipos de garantías

Los tipos de garantías a primer requerimiento más comunes en procesos de internacionalización son los avales de licitación, las garantías de pago anticipado, las garantías de cumplimiento, las garantías de pago y las garantías de mantenimiento.

Avales de licitación (bid bonds *o* tender bonds)

Muchas veces, los compradores o promotores de una obra no se dirigen directamente a un vendedor o constructor, sino que abren un concurso al que pueden acudir empresas de todo el mundo para que presenten sus ofertas en relación con la operación que se desea efectuar. Estas licitaciones se llevan a cabo básicamente en concursos para construcción de obras, y muy especialmente de obras públicas (carreteras, hospitales, escuelas, etc.) pero se dan también en los procesos de compra y aprovisionamiento de grandes cadenas comerciales. Los avales de licitación, al igual que el resto de modalidades de aval que iremos viendo, sirven para todo tipo de operaciones internacionales.

Con la finalidad de que quienes se presenten a estos concursos o licitaciones sean empresas de primer orden, capaces de llevar a cabo de forma satisfactoria la operación encomendada, los compradores o promotores de obras piden que se incluya un aval entre la documentación técnica correspondiente. Este aval garantiza al comprador o constructor en el caso de adjudicar la operación a una empresa, que si al final esta, por cualquier razón, no firmase el correspondiente contrato, debería indemnizarlo por ello.

Esta garantía se solicita para cubrir los perjuicios que la renuncia a esta firma ocasionaría, ya que debería convocarse una nueva licitación, con los gastos que ello comporta y además el inevitable retraso o demora que se originaría. Es pues claramente una garantía técnica. Lo que se pagaría sería una especie de indemnización o compensación. Es también una garantía a corto plazo, ya que en este tipo de licitaciones no suele transcurrir mucho tiempo desde su convocatoria hasta la decisión y firma final.

En este tipo de garantías, igual que en la mayoría de avales internacionales, es inevitable la intervención de una entidad financiera en cada país y en consecuencia, estaríamos frente a un tipo de avales que requiere contragarantía. Las empresas que se presentan al concurso serían los ordenantes. Su banco sería el contragarante, porque le solicitaría a un corresponsal en el país del concurso que presentase su garantía. Este banco en el otro país sería pues el garante, y finalmente la empresa que convoca el concurso o licitación sería el beneficiario.

La documentación que se tendría que requerir para cobrar esta garantía en caso de incumplimiento debería ser un certificado demostrando la adjudicación del concurso al ordenante de la garantía y otra certificación notarial constatando que no se ha firmado el contrato concedido.

Garantías de pago anticipado (advanced payment guarantees)

Con alguna frecuencia, los exportadores o vendedores exigen cantidades a cuenta, que se pagan por anticipado. Si se acepta esta condición, el comprador debe efectuar este pago sin haber recibido aún la mercancía o el servicio contratado y, por lo tanto, es lógico que desee asegurarse de que, en caso de no recibirlo, podrá recuperar la cantidad pagada inicialmente a cuenta.

El procedimiento más habitual en estos casos es que, simultáneamente con el pago anticipado, se pone en juego este tipo de garantía, en la cual el ordenante sería el vendedor o proveedor de servicios que cobra la cantidad por adelantado. En las operaciones internacionales, es casi inevitable que este tipo de avales requieran de una contragarantía. El contragarante sería, pues, la entidad financiera en el país del vendedor que requiere a su corresponsal en el país del comprador que se constituya en garante frente al mismo. El comprador sería el beneficiario de esta garantía.

Si transcurrida la fecha prevista, el vendedor no ha efectuado los envíos a los que está obligado, el beneficiario ejecutaría esta garantía para recuperar las cantidades pagadas a cuenta.

Normalmente la documentación que se solicita presentar para cobrar una garantía de pago anticipado es una certificación donde se constate la no recepción de los bienes y servicios y una copia del pago efectuado por adelantado.

Por lo general, estos pagos que se efectúan por adelantado suelen compensarse con los primeros pagos debidos, es decir, que si se han abonado por anticipado 1.000 libras esterlinas, por ejemplo, y la primera factura a pagar fuera de 9.000 libras, se pagarían tan solo 8.000 y esta quedaría saldada.

Garantías de cumplimiento (performance bonds)

En cualquier contrato, antes que las condiciones de pago, se fijan todo tipo de condiciones para su cumplimentación. Se trata de plazos máximos en los que deben producirse las entregas, de calidades mínimas a enviar, de colores o tallas, de formas de embalajes y de todo un sinfín de detalles que el vendedor debe cumplir. Si por cualquier circunstancia no los cumpliera, podría verse perjudicado el comprador y, para cubrirse de esta eventualidad, se ponen en juego las garantías de cumplimiento.

Evidentemente si incumple muchas de las condiciones del contrato, seguramente la consecuencia será el impago por parte del comprador, pero en algunas ocasiones se cumplen la mayoría de las condiciones y tan solo algunos detalles no se ajustan a lo contratado. En estos casos, si existe una garantía de cumplimiento, el beneficiario de la garantía, que es el comprador, la ejecuta y solicita al garante la compensación convenida.

En estas garantías, el ordenante es el vendedor y el contragarante, su entidad financiera, mientras que el banco en el país del beneficiario actúa como garante.

La demostración documental del incumplimiento suele basarse en certificaciones de peritos independientes, que confirman que los plazos se han incumplido o bien que las calidades, las tallas o los colores difieren de las previstas.

No hay que confundir estas garantías con las de mantenimiento, que veremos más adelante, ni con las del fabricante que se adjuntan a los productos y permiten a los compradores la devolución del mismo o su reparación.

Las garantías de cumplimiento pueden ser a largo plazo, porque cabe la posibilidad de que cubran varios envíos. Se consideran garantías de tipo técnico, porque lo que se paga al beneficiario en caso de ejecutarse no son cantidades debidas sino compensaciones o indemnizaciones.

Garantías de pago (payment guarantees)

En muchas de las operaciones de comercio internacional, se prevén pagos aplazados. Lógicamente, los vendedores que ya han remitido las mercancías o prestado sus servicios y les quedan pendientes los cobros desean asegurar los mismos, por lo que solicitan a los compradores garantías a su favor, en las que conste que, en caso de que estos no paguen en los plazos previstos, sea el garante quien lo haga.

Son garantías del tipo económico, ya que responden de pagos debidos y no de aspectos técnicos del contrato. Pueden llegar a ser garantías a largo plazo, toda vez que, en según qué tipo de actividades, el pago puede aplazarse incluso varios años. En operaciones de compraventa de maquinaria, lo que se conoce como bienes de equipo, o de construcción de obra pública, los pagos puede aplazarse a lo largo de cinco años o más, con lo cual el vendedor necesita contar con este tipo de garantías. Asimismo, al tratarse de operaciones internacionales, se instrumentan mediante una contragarantía. Sin embargo, es muy importante destacar, con relación a las garantías estudiadas hasta ahora, que los papeles están completamente cambiados. Habíamos visto que el beneficiario era siempre el comprador. Pues bien, en este caso, el beneficiario será el vendedor y el garante, un banco en su país. El ordenante será el comprador y el banco contragarante, su entidad financiera.

En algunas ocasiones se garantiza no solo el pago de los capitales pendientes, sino incluso los intereses de demora, cuyo tanto por ciento anual debe entonces constar en la garantía.

La documentación que suele solicitarse para su ejecución es un certificado de la firma auditora del beneficiario, atestiguando que las cantidades debidas no han tenido entrada en sus libros hasta la fecha.

Garantías de mantenimiento (maintenance guarantees)

Estas garantías no suelen ser demasiado habituales en contratos de compraventa de mercancías o artículos de consumo. Sin embargo, en las operaciones de suministro de maquinaria o de construcción de obra pública, es muy lógico que el comprador desee asegurarse de que lo adquirido va a funcionarle sin problemas durante un tiempo mínimo.

Estas garantías de mantenimiento son de tipo técnico, toda vez que lo que se acaba pagando por ellas no son cantidades debidas sino compensaciones. En algunas ocasiones, es posible que el contrato no prevea el pago de indemnizaciones sino la obligación de la parte vendedora de reparar los bienes. Esto va a depender de la complejidad y la distancia de la posible reparación. Por ejemplo, para retocar unas pequeñas conexiones que afecten a la puesta en marcha de una máquina finlandesa vendida en Australia, posiblemente se fijará una cantidad de indemnización y será la propia empresa compradora quien la haga reparar *in situ*. Sin embargo, si se tratase de una reparación compleja de máquinas de rayos X que una firma noruega ha instalado en Grecia, seguramente la empresa vendedora estará obligada a enviar a sus propios técnicos para repararla.

La garantía de mantenimiento suele ser a largo plazo, ya que normalmente se garantiza el funcionamiento y mantenimiento durante más de un año. En este caso el ordenante de la garantía sería la parte vendedora, que solicitará a su entidad financiera que se convierta en contragarante. El banco garante será alguno del país del comprador, que será el beneficiario de la garantía.

Garantías informales

En determinadas ocasiones, las partes contratantes, especialmente cuando el contrato lo firman entidades filiales, desean tener la certeza de que las empresas matrices conocen la actuación de sus filiales. Solicitan entonces una garantía informal de este conocimiento, que se suele plasmar en una carta de conformidad *(confort letter)*, en la cual la empresa matriz declara conocer la operación de su filial.

A veces, estas cartas de conformidad incluyen la obligación por parte de la empresa matriz de notificar al destinatario de esta carta su intención de traspasar o vender la filial, es decir, de notificarle que, a partir de cierta fecha, dejará de pertenecer a su grupo de empresas.

Estas garantías informales no están sometidas a las reglas de la Cámara de Comercio Internacional, toda vez que se salen completamente de los cánones tradicionales e incluso muchas veces no prevén cantidades a pagar. En banca se les conoce como «avales de cajón», es decir, avales que simplemente se guardan en un cajón cuando se reciben, porque se trata de garantías morales, no de garantías reales.

Se suele requerir este tipo de garantías en la concesión de préstamos a empresas filiales recién constituidas, donde la casa matriz no presta su aval formal pero sí su garantía «moral».

Si asimilásemos las figuras que intervienen a las garantías reales, en este caso el garante sería la empresa matriz y el beneficiario, una entidad financiera, que es la que concede el préstamo a la filial recién constituida. Pero, al ser garantías informales, en la mayoría de ocasiones no quedan registradas.

Capítulo 4
Reglas de la Cámara de Comercio Internacional

Estas reglas son aplicables a cualquier tipo de garantía, con independencia de su forma. Por razones de derechos de autor *(copyright)* no podemos transcribirlas literalmente por lo que señalaremos los artículos más importantes. En todo caso se puede tener acceso a ellas mediante el libro editado por el Comité Español de la Cámara de Comercio Internacional y que se puede adquirir a través de su web.

Conocidas como las URDG 758, siglas que corresponden a *Uniform Rules for Demand Guarantees*, han sido redactadas por la Comisión Bancaria de la Cámara de Comercio Internacional y se revisan cada cierto tiempo para adaptarlas a las nuevas técnicas del comercio internacional. La última revisión entró en vigor en julio de 2010, después de casi cuatro años de trabajo de un equipo compuesto por personas expertas de cuarenta países.

- **Artículo 1.** Establece que estas reglas son aplicables tan solo si la garantía así lo expresa, por lo que para acogerse a ellas, se debe manifestar a todas las partes. También se especifica que pueden ser modificadas, aunque al igual que sucede con las reglas de los créditos documentarios (UCP 600) no es aconsejable hacerlo, ya que se perdería la uniformidad y la aceptación universal que tienen. Asimismo se señala que la garantía y la contragarantía pueden estar sometidas a reglas distintas, ya que se trata de operaciones independientes.

- **Artículo 2.** Define las partes que pueden intervenir en la garantía.

Artículo 2 - Definiciones

- Ordenante: es el garantizado.
- Instructor: es responsable frente al garante.
- Contragarante: instruye al garante y le reembolsa.
- Garante: garantiza al beneficiario las obligaciones del ordenante.

Nótese que está prevista la posibilidad de que en la garantía intervenga alguien en concepto

 El riesgo país y las garantías internacionales

tan solo de instructor, es decir, el que le indica al garante que emita una garantía que no es para él, sino para garantizar a otra persona (el ordenante). Esta figura se utiliza con cierta frecuencia en las operaciones sometidas a subcontrataciones, donde el ganador de la licitación se convierte en instructor y hace que las garantías se emitan para garantizar las obligaciones de los subcontratados. Otras partes que intervienen en la garantía son:

Artículo 2 - Definiciones *(Continuación)*

- Avisador: avisa al beneficiario
- Beneficiario: a favor de quien se emite la garantía.
- Demanda: documento del beneficiario solicitando el pago.
- Presentación: es la entrega de documentos al garante.

En este mismo artículo también se establece que el vencimiento puede ser una fecha o un hecho. Por ejemplo, una garantía que vence el 9 de mayo o cuando se acabe la primera planta en construcción, sin fecha determinada.

- **Artículo 4.** Se determina que la garantía se considera emitida desde que sale del control del emisor y que es irrevocable.

- **Artículo 5.** Dispone que la garantía y el contrato son independientes, al igual que la contragarantía y la garantía.

- **Artículo 6.** Utilizando la misma filosofía que para los créditos documentarios, dice que en las garantías los bancos tratan con documentos y no con mercancías o servicios.

- **Artículo 8.** Se recomienda el contenido mínimo de una garantía, evitando la inclusión de detalles ex-

Artículo 8 – Contenido

- Evitar detalles excesivos.
- Se recomienda que contenga:

  - Datos del ordenante.
  - Datos del beneficiario.
  - Datos del garante.
  - Números de referencia.
  - Importe y divisa.

Artículo 8 – Contenido *(Continuación)*

- Fecha o hecho de vencimiento.
- Condiciones para demandar el pago.
- Si debe presentarse en soporte papel o por medios electrónicos.
- Idioma de los documentos.
- Parte responsable de los gastos.

cesivos e innecesarios, ya que solo conducen a la confusión.

- **Artículo 13.** Abre la posibilidad de modificar una garantía, pero siempre que el beneficiario esté de acuerdo y que se le notifique por el mismo circuito por el que se inició la operación.

Artículo 13 – Variación del importe de la garantía

- Una garantía puede prever la disminución o el incremento de su importe, en fechas específicas o en función de hechos concretos.

- **Artículo 15.** Concreta el tiempo, la forma y el lugar de hacer la presentación de una demanda, que evidentemente debe estar acorde con lo especificado en la garantía.

Artículo 15 – Requisitos para la demanda

- La demanda debe complementarse con los documentos solicitados.
- Debe indicar los conceptos incumplidos por el ordenante.
- Ni la demanda ni el soporte documental pueden estar fechados antes de que el beneficiario esté autorizado a demandar.

- **Artículos 17, 18 y 19.** En el primero se acepta la presentación de demandas parciales, en el segundo se dictamina que cada demanda es independiente de la anterior y el tercero regula la forma de revisión de los documentos.

- **Artículo 20.** Está referido al plazo para el examen y pago de la garantía.

- El garante dispone de cinco días hábiles siguientes al de la presentación.
- Si un garante determina que la demanda es correcta, debe pagar.
- El pago se hará en la oficina del garante o donde indique la garantía.

- **Artículo 21.** Obliga al garante a pagar en la divisa en la que está emitida la garantía y si aquella no estuviese cotizando en ese momento en aquel lugar, a pagar en la divisa local por su contravalor oficial.

- **Artículo 23.** Contempla la posibilidad de pagar o prorrogar la garantía, lo que se conoce en inglés como *extend or pay*.

- **Artículo 24.** Se establece la manera de actuar en caso de demandas incorrectas, que no es otra que la de informar al presentador y poner los documentos a su disposición. Para ello, este dispone de un plazo máximo de cinco días hábiles después de la presentación, que es el mismo plazo fijado para los créditos documentarios.

- **Artículo 25.** Hace referencia a la terminación y reducción de las garantías, que finalizan el día de su vencimiento (fecha o hecho). En caso de carecer de fecha o hecho de vencimiento, las garantías caducan a los tres años y también cuando el beneficiario renuncia expresamente a sus derechos.

- **Artículos 26 al 29.** Establecen todo lo relacionado con la exoneración de responsabilidades bancarias. Tal como se ha apuntado ya en otras reglas, el hecho de quedar exonerado de responsabilidades no significa que la parte perjudicada no pueda reclamar a quien sea realmente culpable del hecho.

- **Artículos 32 y 33.** El primero hace referencia al pago de los gastos y el segundo regula la posible transferencia de una garantía, para lo que se requieren condiciones bastante estrictas.

- **Artículos 34 y 35.** El primero determina las leyes aplicables y el segundo la jurisdicción aplicable.

Artículo 34 – Ley aplicable

- Si no se dice lo contrario, es la ley del país donde este situada la oficina emisora del garante.
- El mismo principio se aplica para la contragarantía.

Artículo 35 – Jurisdicción

- Si no se especifica otra cosa, las disputas entre garante y beneficiario serán competencia de los tribunales de la localidad donde se haya emitido la garantía.
- El mismo criterio se aplica para la contragarantía.

En el momento de cerrarse la edición de este libro, la Comisión Bancaria de la Cámara de Comercio Internacional está redactando una guía aclaratoria para la aplicación de estas reglas, que se denominará *International Standard Demand Guarantee Practices* (ISDGP). Al igual que existe para los créditos documentarios, esta publicación debe recoger la práctica bancaria internacional estándar para este tipo de operaciones.

Las URDG 758, que recogen las reglas para las garantías a primer requerimiento, incluyen textos sugeridos para la redacción de los documentos relacionados con este tipo de operaciones *(model forms)*, tanto para la emisión de contragarantías como para la de las garantías propiamente dichas, así como algunas cláusulas opcionales. Los textos están en inglés, tal y como aparecen en la edición original de las reglas.

Form of Counter-Guarantee under URDG 758

[*Counter-guarantor Letterhead or SWIFT identifier Code*]
To: [*Insert name and contact information of Guarantor*]
Date: [*Insert date of issue*]
Please issue under our responsibility in favour of the
Beneficiary your guarantee in the following wording:
[Quote the following Form of Demand Guarantee under
URDG 758, provide brief details of the guarantee or
use your own guarantee text as appropriate]

- Type of guarantee: [*Specify tender guarantee, advance payment guarantee, performance guarantee, payment guarantee, retention money guarantee, warranty guarantee, etc.*]
- Guarantee No. [*Guarantor to insert guarantee reference number*]
- The Guarantor: [*Guarantor to insert Insert name and address of place of issue, unless indicated in addressee field above*]
- The Applicant: [*Insert name and address*]
- The Beneficiary : [*Insert name and address*]
- The Underlying Relationship: The Applicant's obligation in respect of [*Insert reference number or other information identifying the contract, tender*

conditions or other relationship between the applicant and the beneficiary on which the guarantee is based]

- Guarantee Amount and currency: [*Insert in figures and words the maximum amount and the currency in which it is payable*]
- Any document required in support of the demand for payment, apart from the supporting statement that is explicitly required in the text below: [*Insert any additional document required in support of the demand for payment. If the guarantee requires no documents other than the demand and the supporting statement, keep this space empty or indicate "none"*]
- Language of any required documents: [*Insert the language of any required document. Documents to be issued by the applicant or the beneficiary shall be in the language of the guarantee unless otherwise indicated herein*]
- Form of presentation: [*Insert paper or electronic form. If paper, indicate mode of delivery. If electronic, indicate the format, the system for data delivery and the electronic address for presentation*]
- Place for presentation: [*Guarantor to insert address of branch where a paper presentation is to be made or, in the case of an electronic presenta-*

*tion, an electronic address such as the Guarantor's
SWIFT address. If no Place for presentation is in-
dicated in this field, the Guarantor's place of issue
indicated above shall be the Place for presentation]*
- Expiry of Guarantee: [*Insert expiry date or describe
  expiry event*]
- The party liable for the payment of any charges:
  [*Insert the name of the party*]

As Guarantor, we hereby irrevocably undertake to
pay the Beneficiary any amount up to the Guarantee
Amount upon presentation of the Beneficiary's complying demand, in the form of presentation indicated above,
supported by such other documents as may be listed
above and in any event by the Beneficiary's statement,
whether in the demand itself or in a separate signed
document accompanying or identifying the demand, indicating in what respect the Applicant is in breach of its
obligations under the Underlying Relationship.

Any demand under this Guarantee must be received
by us on or before Expiry at the place for presentation
indicated above.

This Guarantee is subject to the Uniform Rules for
Demand Guarantees (URDG) 2010 revision, ICC Publication No. 758.

[unquote]

As Counter-guarantor, we hereby irrevocably undertake to pay the Guarantor any amount up to the Counter-guarantee Amount indicated below upon presentation of the Guarantor's complying demand, in the form of presentation indicated below, supported by the Guarantor's statement, whether in the demand itself or in a separate signed document accompanying or identifying the demand, indicating that the Guarantor has received a complying demand under the guarantee.

Any demand under this Counter-guarantee must be received by us on or before Expiry of this Counter-guarantee at the place for presentation indicated below.

- Counter-guarantee No. [*Insert counter-guarantee reference number*]
- The Counter-guarantor: [*Insert name and address of place of issue, unless indicated in the letterhead*]
- The Guarantor: [*Insert name and address of Guarantor and place of issue of guarantee*]
- Counter-guarantee Amount and currency: [*Insert in figures and words the maximum amount payable and the currency in which it is payable*]
- Form of presentation: [*Insert paper or electronic form. If paper, indicate mode of delivery. If elec-*

tronic, indicate the format, the system for data delivery and the electronic address for presentation]

- Place for presentation: [*Counter-guarantor to insert address of branch where a paper presentation is to be made or, in the case of an electronic presentation, an electronic address such as the counter-guarantor's SWIFT address. If no Place for presentation is indicated in this field, the Counter-guarantor's place of issue indicated above shall be the Place for presentation]*
- Expiry of counter-guarantee: [*Insert expiry date or describe expiry event. Note that the expiry of the counter-guarantee is generally scheduled to occur later than the expiry of the guarantee to include a mailing period]*
- The party liable for the payment of any charges: [*Insert the name of the party, generally the counter-guarantor]*

The Guarantor is requested to confirm to the Counter-guarantor the issuance of the guarantee.

This Counter-guarantee is subject to the Uniform Rules for Demand Guarantees (URDG) 2010 revision, ICC Publication No. 758.

Signature(s)

Form of Demand Guarantee under URDG 758*

[*Guarantor Letterhead or SWIFT ref. identifier Code*]
To: [*Insert name and contact information of the Beneficiary*]
Date: [*Insert date of issue*]

- Type of guarantee: [*Specify tender guarantee, advance payment guarantee, performance guarantee, payment guarantee, retention money guarantee, warranty guarantee, etc.*]
- Guarantee No. [*Insert guarantee reference number*]
- The Guarantor: [*Insert name and address of place of issue, unless indicated in the letterhead*]
- The Applicant: [*Insert name and address*]
- The Beneficiary: [*Insert name and address*]
- The Underlying Relationship: The Applicant's obligation in respect of [*Insert reference number or other information identifying the contract, tender conditions or other relationship between the appli-*

---

* The Form of Demand Guarantee and Counter-Guarantee under URDG 758 as well as the: Optional Clauses proposed in the following pages are provided for guidance. They are not part of the rules.

*cant and the beneficiary on which the guarantee
is based]*

- Guarantee Amount and currency: [*Insert the maximum amount payable in figures and words and the currency in which it is payable*]
- Any document required in support of the demand for payment, apart from the supporting statement that is explicitly required in the text below: [*Insert any additional document required in support of the demand for payment. If the guarantee requires no documents other than the demand and the supporting statement, keep this space empty or indicate "none"*]
- Language of any required documents: [*Insert the language of any required document. Documents to be issued by the applicant or the beneficiary shall be in the language of the guarantee unless otherwise indicated herein*]
- Form of presentation: [*Insert paper or electronic form. If paper, indicate mode of delivery. If electronic, indicate the format, the system for data delivery and the electronic address for presentation*]
- Place for presentation: [*Guarantor to insert address of branch where a paper presentation is to be made or, in the case of an electronic presenta-*

tion, an electronic address such as the Guarantor's SWIFT address. If no Place for presentation is indicated in this field, the Guarantor's place of issue indicated above shall be the Place for presentation]
- Expiry: [*Insert expiry date or describe expiry event*]
- The party liable for the payment of any charges: [*Insert the name of the party*]

As Guarantor, we hereby irrevocably undertake to pay the Beneficiary any amount up to the Guarantee Amount upon presentation of the Beneficiary's complying demand, in the form of presentation indicated above, supported by such other documents as may be listed above and in any event by the Beneficiary's statement, whether in the demand itself or in a separate signed document accompanying or identifying the demand, indicating in what respect the Applicant is in breach of its obligations under the Underlying Relationship.

Any demand under this Guarantee must be received by us on or before Expiry at the Place for presentation indicated above.

This Guarantee is subject to the Uniform Rules for Demand Guarantees (URDG) 2010 revision, ICC Publication No. 758.

Signature(s)

Optional clauses to be Inserted in the Form of Demand Guarantee

Time as from which a demand can be presented if different from the date of issue:

A demand under this guarantee may be presented as from [indicate date or event, e.g.]

- the crediting of [*insert currency and exact amount to be received as advance payment*] to the applicant's account [*indicate account number*] maintained with the guarantor, provided such remittance identifies the guarantee to which it relates;
- the receipt by the guarantor of [*insert currency and exact amount to be received as advance payment*] for further credit to the applicant's account [*indicate account number*] maintained with the guarantor, provided such remittance identifies the guarantee to which it relates;* or

---

* This suggested operativeness/entry into effect clause, like the one in the bullet immediately preceding it, is frequently used in advance payment and retention money guarantees. In both cases, the clause ensures that the guarantee is not available for drawdown before the amount due by the beneficiary under the under-

- the presentation to the guarantor of a statement stating [the release of the tender guarantee] [the issue of a documentary credit fulfilling the following terms: indicate amount, issuing or confirming party and goods/services description] or [the entry into effect of the underlying contract].]

Variation of amount clause:

The Guarantee Amount will be reduced by [Insert percentage of Guarantee Amount or exact amount and currency] upon [choose one or more of the options below:

- Presentation to the Guarantor of the following document(s): *[insert list of documents]*;

---

lying contract is paid to the applicant. There are two ways to draft this clause. The first one, reflected in the first bullet, is to consider the guarantee operative only when the amount is effectively credited to the applicant's account. This leaves the beneficiary/payor with the risks of errors in credit transfers or third party attachments. Another way to drafting this type of clauses, reflected in the second bullet, considers the beneficiary's obligations as satisfied when the payment is received by the guarantor holding the applicant's account. Any delay in crediting that payment to the applicant's account is left to sort out between the applicant and the guarantor according to the bank-customer relationship agreement or rules of law.

- In the case of an index specified in the guarantee as triggering reduction [*insert index figure triggering the reduction or in the Guarantee Amount*]; or
- (in the case of a payment guarantee): the remittance of [*insert exact amount and currency*] to the beneficiary's account [*indicate account number*] held with the guarantor, provided the record of such remittance enables the guarantor to identify the guarantee to which it relates (for example, by referring to the guarantee's reference number).]

The Guarantee Amount will be increased by [insert percentage or exact amount and currency] upon [choose one or more of the options below:

- Presentation to the Guarantor of the following document(s): [*insert list of documents*];
- Presentation to the Guarantor of the Applicant's statement stating that the underlying contract was amended to increase the scope or value of the works and specifying the amount and currency of the new value; or
- In the case of an index specified in the guarantee as triggering increase [*insert index figure triggering increase in the Guarantee Amount*].]

Sample terms for article 15(a)'s supporting statement to be provided by the beneficiary:

In the case of a tender guarantee, the supporting statement could state:

The Applicant:

- Has withdrawn its offer during the tender period, or
- While it was declared the successful bidder, the Applicant did not sign the contract corresponding to its offer and/or failed to provide the guarantee(s) requested in the call for tenders.

In the case of a performance guarantee, the supporting statement could state:

The Applicant is in breach of its obligations with respect to the underlying relationship because [of late delivery] [the contract's performance was not completed by the due date] [there was a shortfall in the quantity of the goods supplied under the contract] [the delivered works are defective] etc.

In the case of a payment guarantee, the supporting statement could state:

The Applicant has not fulfilled its contractual payment obligations.

Supporting statements required under other types of guarantees (advance payment, retention money, delivery, warranty, maintenance, etc.) are likewise expected to be general in their drafting without the need for the beneficiary to substantiate its claim or to provide meticulous technical detail of the breach absent an express requirement in the guarantee itself.

Capítulo 5
Créditos documentarios como cobertura de riesgos

Los créditos documentarios, conocidos también como cartas de crédito, son uno de los medios de pago más utilizados en el comercio internacional. Pueden ser considerados como una especie de garantía independiente, a pesar de que la Convención de las Naciones Unidas sobre Garantías Independientes de diciembre de 1995 reconoce como tales solo los créditos contingentes, que son operaciones de naturaleza distinta a los documentarios, a pesar de que se utilizan muchas veces de forma indistinta.

En el punto a. del artículo 4 de las Reglas UCP 600 que regulan los créditos documentarios, se dice claramente: «El crédito, por su naturaleza, es una operación independiente de la venta o de cualquier otro contrato en el que pueda estar basado». Asimismo, en el artículo 2 de las mismas Reglas UCP 600, se dice: «Crédito significa todo acuerdo, como quiera que se denomine o describa, que es irrevocable y por el que se constituye un compromiso cierto del banco emisor para honrar una presentación conforme». En consecuencia, no es descabellado calificar al crédito documentario como una especie de garantía independiente.

Los créditos documentarios constituyen una excelente protección para la cobertura de algunos de los riesgos más importantes en los procesos de internacionalización, como el riesgo de cancelación de pedido o el riesgo país.

Es evidente que al tratarse de una operación de carácter irrevocable, la posible cancelación unilateral de un pedido, cuando el vendedor ha comenzado ya el proceso de fabricación, le permitiría, en caso de estar cubierto por un crédito documentario, continuar adelante con la fabricación y cobrar la operación, si presenta los documentos requeridos en tiempo y forma.

El riesgo país, concretamente el riesgo de transferencia, quedaría también cubierto, ya que el banco emisor estaría obligado al pago en caso de una presentación conforme. De hecho, la experiencia así lo ha demostrado cuando, en situaciones como el famoso «corralito» de Argentina, los bancos locales, antes de emitir un crédito irrevocable, debían obtener permiso de las autoridades monetarias, que reservaban esas divisas para hacer frente a los pagos internacionales y no dañar aún más la imagen de país.

Así pues, una vez fijada la condición de garantía independiente de los créditos documentarios, podemos añadirlos a la lista de los distintos tipos de garantías analizados en esta obra. Trataremos aquí de exponer, como hicimos con los distintos tipos de garantías a primer requerimiento, sus características y esquemas de funcionamiento básicos, así como hacer una referencia a las reglas de la Cámara de Comercio Internacional que los regulan, las conocidas como UCP 600 *(Uniform Customs and Practice for Documentary Credits).*

Qué son y para qué sirven los créditos documentarios

En las operaciones de comercio internacional es relativamente frecuente que comprador y vendedor se conozcan poco, muchas veces nada, y esta falta de conocimiento de la otra parte genera una lógica desconfianza. Así, el comprador se plantea numerosas dudas e interrogantes, tales como:

- ¿Me va a respetar el precio? Si hemos convenido la compraventa a, por ejemplo, 20 dólares el kilo, ¿me facturará realmente a 20 dólares o, por el contrario, me encontraré con la desagradable sorpresa de recibir una factura a 30 dólares el kilo?

- ¿Recibiré la cantidad solicitada? Si le he comprado 3.000 unidades, ¿voy a recibir las 3.000, o por el contrario me va a enviar solo 500?
- ¿Se respetarán las fechas? Si deseo que me remita la mercancía antes de Navidad, ¿será así o la voy a recibir dos meses más tarde cuando no me sirva para nada?
- ¿Se utilizará el medio de transporte y la regla Incoterms convenidos? Si hemos acordado un envío por barco CIF Barcelona, ¿se hará realmente así o me va a enviar las mercancías por avión, sin incluir el seguro?
- ¿Y el plazo de pago? Si acordamos pagar a los 90 días, ¿no pretenderá posteriormente cobrar al contado?
- ¿Recibiré los documentos necesarios para despachar en la aduana sin problemas? O, por el contrario, ¿me faltarán los documentos que solicité y no podré efectuar el despacho en mi aduana?

Por su parte, el vendedor solo tiene una duda: ¿Cobraré? ¿Lo haré en el plazo convenido?

El crédito documentario es la operación que resuelve todas las dudas, las del comprador y las del vendedor, y lo hace mediante la intervención de un banco, que es el banco emisor del crédito, el cual garantiza al vendedor que va a cobrar, si cumple con todas las condiciones que el comprador requiere y que se especifican en el crédito.

Si en vez de facturar a 20 USD/kg, el vendedor factura a 20,01 dólares, el compromiso de pago deja de serlo. De la misma manera sucede si en vez de enviarle 3.000 unidades le remite solo 2.999, o si en vez de enviar las mercancías el 2 de diciembre, lo hace el 3, o si olvida mandarle un certificado de origen que se había solicitado.

Por su parte, el vendedor está completamente seguro, porque así se lo garantiza un banco, de que va a cobrar siempre que cumpla todas las condiciones convenidas en los plazos fijados, aunque el comprador haya sido declarado en quiebra o cerrado su negocio

Este compromiso de pago, redactado por el banco emisor del crédito siguiendo las instrucciones del comprador (que técnicamente se llama ordenante), se hace llegar al vendedor (que técnicamente se conoce como beneficiario) a través de un banco en su país, que se conoce como banco avisador o notificador. Este banco no toma compromiso de pago alguno. En el caso de que el vendedor (beneficiario) quiera que su banco (avisador) añada su compromiso de pago al del banco emisor, debe solicitar la emisión de un crédito confirmado.

El beneficiario puede tener el derecho a transferir la totalidad o una parte de sus derechos a terceros (llamados segundos beneficiarios) si solicita y se emite un crédito transferible.

Los compromisos que se toman en un crédito son irrevocables, de ahí la seguridad que pueden tener todas las partes de que nadie puede echarse atrás, una vez emitido aquel.

Los créditos pueden modificarse, si la totalidad de las partes están de acuerdo en ello. Sin embargo, si una modificación no se llevase a cabo porque una de las partes no la acepta, el crédito sigue vigente en los términos y condiciones en los que fue emitido.

El crédito documentario: ¿solución o problema?

En las universidades, escuelas de negocios, cursos y seminarios de toda índole que se imparten regularmente por el mundo, suelen enseñar que el crédito documentario es la solución más apropiada para afrontar situaciones de poca confianza o conocimiento escaso entre las partes, tan frecuentes en el comercio internacional, o cuando los importes son elevados o los plazos largos.

Sin embargo, muchas empresas, exportadoras o importadoras, incluso entidades financieras, usuarias de este medio de pago, no tienen reparo en manifestar que los créditos documentarios son una fuente de inacabables problemas. Las propias estadísticas elaboradas por la Cámara de Comercio Internacional apuntan a un elevadísimo porcentaje (alrededor del 70 %) de créditos documentarios con discrepancias y problemas en su primera presentación, aunque no es menos cierto que muchísimas de ellas acaban resolviéndose con cierta rapidez.

Por lo tanto, es lógico que nos preguntemos si el crédito documentario es una solución o un problema. Estamos evidentemente ante dos puntos de vista distintos, tan alejados entre sí que hacen que docentes y practicantes manifiesten opiniones muy diferentes. Posiblemente, esta diferencia tan abismal sea debida a que unos conocen y difunden la teoría, y otros ponen de relieve los problemas de la práctica diaria.

Para nosotros, el crédito documentario es una magnífica solución si se sabe tratar bien, es decir, si se conoce a fondo su vertiente teórica pero se dominan también los secretos de su uso práctico.

Reglas de la Cámara de Comercio Internacional

Las UCP 600 también son revisadas periódicamente, por lo general cada diez años. La última revisión se efectuó en 2007. Como sucede con las garantías a primer requerimiento, no podemos transcribirlas íntegramente a causa de los derechos de autor, pero vamos a analizar los artículos más importantes.

- **Artículo 1.** Se admite que los créditos contingentes *(stand by)*, a pesar de tener sus propias reglas, puedan acogerse a las UCP 600. También se dictamina que para poder acogerse a estas reglas, debe constar expresamente que el crédito está sujeto a ellas, cosa que ha de solicitar ya el importador en su petición de apertura. Asimismo, admite la posibilidad de modificar estas reglas, algo poco recomendable porque perderían su uniformidad.

- **Artículo 2.** Está dedicado a las definiciones. Se define al importador como el ordenante y al exportador como el beneficiario. También se define el concepto de «negociar» un crédito como la compra de documentos y efectos. Esta es una modalidad que se utiliza mucho en Asia, pero con menos frecuencia en otros mercados.

- **Artículo 3.** Dispone que todos los créditos son irrevocables, es decir, que una vez se ha realizado su apertura, el banco emisor no puede echarse atrás en su compromiso de pago.

- **Artículo 5.** Refleja perfectamente el funcionamiento y la filosofía de los créditos documentarios y constata que los bancos no tratan con mercancías sino con documentos.

- **Artículo 6.** Define las modalidades de los créditos.

Artículo 6

- Los créditos pueden ser disponibles por:

  - Pago **a la vista.**
  - Pago **diferido.**
  - **Aceptación.**
  - **Negociación.**

  No deben emitirse efectos a cargo del ordenante.

- **Artículo 7.** Obliga al banco emisor a reembolsar a otro banco designado que haya pagado los documentos y se los remita.

- **Artículos 8 y 10.** Hacen referencia a las obligaciones del banco confirmador.

- **Artículo 14.** Se refiere a las normas para la revisión de documentos.

Artículo 14

- Los bancos disponen de **cinco dias bancarios hábiles** para dictaminar si la presentación es conforme.
- No se precisan datos idénticos, sino datos **no contradictorios.**

- Condiciones **no documentarias** se tienen como no establecidas.
- Las direcciones de beneficiario y ordenante **no deben ser las mismas,** aunque deben estar dentro de un **mismo país.**
- No se tienen en cuenta números de **fax, teléfono y correo electrónico.**
- El expedidor de las mercancías puede no ser el beneficiario.

- **Artículo 16.** Regula la formulación de discrepancias. Deben tenerse en cuenta unas consideraciones básicas.

Artículo 16

- En una presentación **no conforme,** el emisor **puede** dirigirse al ordenante para obtener la renuncia a las discrepancias.
- Cuando se rechaza una presentación, debe emitirse **una sola notificación,** conteniendo **todas** las discrepancias y aclarando qué se hace con los documentos.

- **Artículo 17.** Establece que, al menos, debe presentarse un original de cada uno de los documentos solicitados, extremo muy comprensible, toda vez que en ninguna aduana del mundo suelen admitir fotocopias para el despacho de las mercancías.

- **Artículo 18.** Hace referencia a la factura comercial, que no debe estar necesariamente firmada si no se solicita, y que debe emitirse en la misma moneda del crédito. La descripción de las mercancías no tiene que ser exactamente idéntica a lo que indique el crédito, pero no debe ser contradictoria.

- **Artículos 20 al 22.** Regulan los documentos de transporte marítimo en sus distintas modalidades.

- **Artículo 23.** Regula el documento de transporte aéreo.

- **Artículo 24.** Regula el transporte por carretera y por ferrocarril.

- **Artículo 25.** Regula el transporte por correo postal.

- **Artículo 28.** Regula los documentos de seguro, pólizas y certificados.

- **Artículo 30.** Se recogen disposiciones relativas a la apertura de créditos por importes aproximados que toleran desviaciones del 10 % en más o en menos.

- **Artículo 33.** Hace referencia al horario de las presentaciones. Es importante ya que, aunque un crédito tenga vencimiento para presentar documentos hasta un día determinado, pongamos por caso 5 de septiembre, no podremos entregarlos a las 20 horas de ese día, ya que el banco estará cerrado.

Artículo 33

- Los bancos solo están obligados a aceptar presentaciones en su **horario de atencion al público.**

- **Artículos 34, 35 y 36.** Regulan las exoneraciones de los bancos respecto a pérdidas, falsificaciones, extravíos, etc. Al igual que hemos visto en las remesas o cobranzas, el hecho de que un banco no sea responsable no significa que la parte perjudicada no pueda reclamar los perjuicios a los auténticos culpables del hecho.

- **Artículo 38.** Regula los créditos transferibles.

- **Artículo 39.** Hace referencia a la cesión de derechos de los créditos. No hay que confundir este extremo con la cesión de derechos de transferencia, que es ceder a un segundo beneficiario los derechos antes del embarque de las mercancías, mientras que este artículo se refiere a la cesión de los derechos de cobro, una vez aceptado el pago del crédito porque los documento han sido presentados correctamente.

La reglas UCP 600 tienen un complemento muy útil que sirve de guía interpretativa. Nos referimos a las ISBP *(Internacional Standard Banking Practice)*, que son, como su nombre indica, las prácticas bancarias que de forma habitual llevan a cabo los bancos en todo el mundo.

Créditos documentarios electrónicos

En el constante proceso de digitalización del comercio internacional, no podemos dejar de mencionar la modalidad de los créditos documentarios electrónicos que, aunque no estén muy extendidos, comienzan a utilizarse sobre todo en las grandes empresas. En estos créditos, los documentos en papel son sustituidos por la presentación de ficheros electrónicos, que tienen una operativa distinta de los tradicionales.

La Cámara de Comercio Internacional ha preparado un suplemento de las reglas para regular estas presentaciones electrónicas. Entre 2017 y 2019, un grupo de trabajo de su Comisión Bancaria revisó las reglas ICC existentes para evaluar su compatibilidad digital y asegurar que fueran «e-satisfactorias», es decir, que permitieran a los bancos aceptar datos en lugar de documentos. Finalmente, en 2019 los comités nacionales de la Cámara de Comercio Internacional votaron afirmativamente el Suplemento a las Reglas y Usos Uniformes para los Créditos Documentarios (UCP 600) realizado con el fin de adaptarlas a las presentaciones electrónicas (eUCP) versión 2.0.

Las eReglas se han elaborado a propósito con números de versión para permitir su actualización regular sin afectar otras reglas ICC existentes, reduciendo en consecuencia los plazos requeridos para desarrollar cualquier revisión potencial que pueda identificarse.

En la introducción a la primera *ICC Guide to the eUCP* (Publicación ICC n.º 639), se reconocía que el probable final de la evolución en las presentaciones electrónicas serían los sistemas de comprobación automática de cumplimiento en el ámbito de los créditos documentarios. Esto resulta claro cuando se observa la evolución de la tecnología y de la financiación del comercio, con la llegada del internet de las cosas, las bases de datos distribuidas, los contractos inteligentes, la inteligencia artificial y el aprendizaje automático.

El contenido de las eReglas será monitorizado de forma continua para garantizar su aplicabilidad. La ayuda de los expertos será un factor esencial del progreso. Estas reglas aportan numerosos beneficios al introducir el crédito documentario en un entorno digital y asegurar la continua importancia de este valioso instrumento en la mitigación del riesgo comercial.

Las reglas ICC existentes, como las UCP 600 y las URC 522, que son de un valor inestimable en el mundo del papel, aportan, sin embargo, una protección limitada cuando se aplican a las transacciones electrónicas. Es inevitable que, con el tiempo, los instrumentos tradicionales de financiación del comercio avancen inexorablemente hacia ecosistemas mixtos papel y digital para, en última instancia, circunscribirse únicamente a registros electrónicos.

En este sentido es importante que el mercado reconozca que las nuevas reglan aportan múltiples beneficios en el tránsito de las soluciones tradicionales hacia un entorno digital:

- Salvaguardando su aplicabilidad y garantizando su relevancia en un mundo de constante evolución digital.

- Mitigando riesgos desde un entorno papel a un medio electrónico.
- Alentando de forma explícita y sin ambigüedades el uso de registros electrónicos.
- Aportando conformidad y coherencia frente a prácticas locales, nacionales o regionales divergentes.
- Ofreciendo común comprensión de terminologías y objetivos.
- Dando seguridad en un conjunto de reglas contractuales independientes y de confianza.
- Proporcionando uniformidad, consistencia y estandarización en usos y prácticas.
- Permitiendo y alentando la financiación al comercio entre países y regiones con independencia de las estructuras económicas y judiciales subyacentes.

Reglas y usos uniformes relativos a créditos documentarios para las presentaciones electrónicas (eUCP) versión 2.0

La forma de presentación de registros electrónicos, solos o en combinación con documentos en papel, al banco designado, al banco confirmador (si lo hay) o al banco emisor, por cuenta del beneficiario, queda fuera del ámbito de las eUCP. También queda fuera del ámbito de estas la forma de presentación de registros electrónicos, solos o en combinación con documentos en papel, al ordenante por el banco emisor.

Se aplicarán las definiciones contenidas en las UCP cuando no aparezcan definidas o modificadas en las eUCP.

Antes de acordar la emisión, el aviso, la confirmación, la modificación o la transferencia de un crédito eUCP, los bancos deben asegurarse de que podrán examinar los registros electrónicos solicitados en la presentación correspondiente que pueda llegar a efectuarse.

- **Artículo e1: Ámbito del Suplemento de las Reglas y Usos Uniformes para los Créditos Documentarios (UCP 600) realizado para adaptarlas a las presentaciones electrónicas (eUCP) versión 2.0.**
  - **a.** Las eUCP complementan las Reglas y Usos Uniformes para los Créditos Documentarios (revisión de 2007, publicación n.º 600 de la CCI) (RUU o UCP) con la finalidad de permitir la presentación de registros electrónicos, solos o en combinación con documentos en papel.
  - **b.** Las eUCP deben aplicarse si el crédito establece que está sometido a ellas («crédito eUCP»).
  - **c.** Esta versión es la 2.0. Un crédito eUCP debe indicar la versión aplicable de las eUCP. Si no se indica, está sometido a la última versión en

vigor en la fecha en la que se emite el crédito o, si se somete a las eUCP mediante una modificación aceptada por el beneficiario, en la fecha de dicha modificación.

d. Un crédito eUCP debe indicar la localización física del banco emisor, la de cualquier banco designado y, de haberlo y ser distinto de este, la del banco confirmador, cuando dicha localización sea conocida por el banco emisor en el momento de la emisión. Si la localización física de cualquier banco designado o confirmador no aparece indicada en el crédito, esta entidad financiera debe indicar al beneficiario dicha localización no más tarde del momento de su aviso o confirmación del crédito o, si el crédito está disponible con cualquier banco y cualquier otro banco está dispuesto a actuar de acuerdo a la designación a honrar o negociar, en el momento en que acepte actuar de acuerdo con dicha designación, siempre que no hubiera actuado como avisador o confirmador.

- **Artículo e2: Relación entre las eUCP y las UCP**
  a. Un crédito eUCP está sometido también a las UCP sin necesidad de incorporar de modo expreso estas.

b. Si se aplican las eUCP, sus disposiciones prevalecerán en tanto no lleguen a producir un resultado diferente del de la aplicación de las UCP.

c. Si un crédito eUCP permite al beneficiario escoger entre la presentación de documentos en papel y la de registros electrónicos, y opta por lo primero, solo se aplicarán las UCP a dicha presentación. Si solo se permiten documentos en papel al amparo de un crédito eUCP, solo se aplicarán las UCP.

- **Artículo e3: Definiciones**

  a. Cuando se emplean los términos siguientes en las UCP, con el propósito de aplicar estas a un registro electrónico presentado al amparo de un crédito eUCP, tendrán los efectos o los significados que se explican a continuación:

  i. Los términos en apariencia y similares se aplicarán al examen de los datos contenidos en un registro electrónico.

  ii. Documento incluye los registros electrónicos.

  iii. Lugar de presentación de un registro electrónico significa una dirección electrónica de un sistema de proceso de datos.

iv. Presentador significa el beneficiario, o cualquier otra parte que actúe por cuenta del beneficiario y que efectúe una presentación al banco designado, al banco confirmador, si lo hay, o directamente al banco emisor.

v. Firmar y similares incluye las firmas electrónicas

vi. Superpuesto, anotación o sellado significan datos cuyo carácter complementario resulta evidente en un registro electrónico.

b. Los siguientes términos empleados en las eUCP tendrán los siguientes significados:

i. Corrupción de datos significa cualquier distorsión o pérdida de datos que convierta el archivo electrónico, tal como fue presentado, en total o parcialmente ilegible.

ii. Sistema de proceso de datos significa un mecanismo computarizado o electrónico o automatizado de otra forma, utilizado para procesar y manipular datos, iniciar acciones o responder a mensajes de datos o eventos, ya sea total o parcialmente.

iii. Registro electrónico significa datos creados, generados, enviados, comunicados, recibidos o almacenados por medios electrónicos, incluyendo cuando corresponda toda información asociada por medios lógicos o de cualquier otra forma vinculada, de manera que constituya parte del registro, tanto si se generó al mismo tiempo como si no, que sean susceptibles:

— de ser autenticados por lo que respecta a la identidad aparente del remitente, a la fuente aparente de los datos contenidos en ellos y al hecho de haberse mantenido completos e inalterados;
— y de ser examinados para determinar su conformidad con los términos y condiciones del crédito eUCP.

iv. Firma electrónica significa un proceso de datos adjunto o asociado lógicamente a un registro electrónico y ejecutado o adoptado por una persona con la finalidad de identificarse y de indicar la autenticación por dicha persona del registro electrónico.

v. Formato significa la organización de los datos en que se plasma el registro electrónico o a la que este se refiere.

vi. Documento en papel significa un documento en formato papel.

vii. Recibido significa que un registro electrónico se incorpora a un sistema de proceso de datos, en el lugar de presentación indicado en el crédito eUCP y en un formato que pueda ser aceptado por dicho sistema. Un acuse de recibo generado por dicho sistema no implica que el registro electrónico haya sido visto, examinado, aceptado o rechazado al amparo de un crédito eUCP.

viii. Re-presentar o re-presentado significa sustituir o reemplazar un registro electrónico que ya fue presentado.

- **Artículo e4: Registros electrónicos y documentos en papel frente a mercancías, servicios o prestaciones**
  Los bancos no tratan con las mercancías, los servicios o las prestaciones con las que puedan estar relacionados los registros electrónicos o los documentos en papel.

- **Artículo e5: Formato**
  Un crédito eUCP debe indicar el formato de cada registro electrónico. Si no se indica este, puede presentarse en cualquier formato.

- **Artículo e6: Presentación**
  a. i. Un crédito eUCP debe indicar el lugar de presentación de los registros electrónicos.

ii. Un crédito eUCP que requiera o permita la presentación tanto de registros electrónicos como de documentos en papel debe especificar también un lugar de presentación para estos últimos, además del lugar de presentación de los primeros.

b. Los registros electrónicos pueden presentarse por separado y no necesariamente en el mismo momento.

c. i. Si se presentan uno o más registros electrónicos, solos o en combinación con documentos en papel, el presentador es responsable de proporcionar una notificación de finalización de la presentación al banco designado, al banco confirmador, si lo hay, o al banco emisor, cuando la presentación se efectúe directamente. La recepción de la notificación de finalización servirá para comunicar formalmente que la presentación se ha completado y de que empieza el plazo de su revisión.

ii. La notificación de finalización podrá efectuarse por medio de un registro electrónico o de un documento en papel, y deberá identificar el crédito eUCP con el que está relacionada.

iii. Se entenderá que una presentación no ha sido efectuada en tanto no se reciba la notificación de finalización.

iv. No será necesario enviar una notificación
de finalización cuando el banco designado,
tanto si actúa de acuerdo con su designación como si no, remita registros electrónicos o los ponga a disposición del banco
confirmador del emisor.

d. i. Toda presentación de un registro electrónico al amparo de un crédito eUCP debe
identificar el crédito eUCP a cuyo amparo
se presenta. Esta identificación puede ser
mediante una referencia específica en el
propio registro electrónico, mediante meta-
datos anexados o añadidos o por medio de
una identificación en la carta o documento
de envío que acompaña a la presentación.

ii. Cualquier presentación de un registro electrónico no identificada de este modo puede
ser tratada como no recibida.

e. i. Si el banco al que debe efectuarse la presentación se encuentra abierto pero sus sistemas son incapaces de recibir un registro
electrónico en la fecha estipulada de vencimiento o en el último día de presentación,
según sea el caso, el banco se considerará cerrado y la fecha de vencimiento o el
último día de presentación se prorrogarán
hasta el primer día hábil en que dicho banco

tenga capacidad para recibir registros electrónicos.

ii. En ese caso, el banco designado deberá proporcionar al banco emisor o al confirmador, si lo hay, una declaración en su carta de envío que indique que la presentación de los registros electrónicos se efectuó dentro del plazo prorrogado de acuerdo con el artículo e6 (e) (i).

iii. Si el único registro electrónico pendiente de presentación es la notificación de finalización de la presentación, podrá aportarse mediante telecomunicación o un documento en papel, y se considerará presentado a tiempo si se envía antes de que el banco pueda recibir registros electrónicos.

f. Los registros electrónicos que no pueden ser autenticados se considerarán como no presentados.

- **Artículo e7: Examen**
    - **a.** i. El plazo para el examen de los documentos empieza el día hábil siguiente al de la recepción de la notificación de finalización por el banco designado, el banco confirmador, si lo hay, o el emisor, cuando la presentación se efectúe directamente.

ii. Si el periodo de presentación de los documentos o de notificación de finalización se prorroga de acuerdo con lo previsto por el artículo e6 (e) (i), el plazo para el examen de los documentos empieza, en el lugar de presentación, el día hábil siguiente al día en que el banco al que debe efectuarse la presentación de los documentos esté capacitado para recibir la notificación de finalización.

b. i. Si un registro electrónico contiene un hipervínculo a un sistema externo o una presentación indica que el registro electrónico puede ser examinado por referencia a un sistema externo, el registro electrónico en el hipervínculo o el sistema externo se considerarán parte integral del registro electrónico que debe examinarse.

ii. La imposibilidad del sistema externo de proporcionar acceso al registro electrónico requerido en el momento del examen constituirá una discrepancia, excepto por lo previsto en el artículo e7 (d) (ii).

c. La incapacidad del banco designado que actúa conforme a su designación, del banco confirmador, si lo hay, o del emisor para examinar un registro electrónico en un formato exigido en el crédito eUCP o, si no se ha exigido un formato, de examinarlo en el formato presentado, no es causa para su rechazo.

d. i. El envío de registros electrónicos efectuado por un banco designado, tanto si actúa conforme a su designación para honrar o negociar como si no, significa que ha comprobado su autenticidad aparente.

ii. Cuando un banco designado determina que la presentación es conforme y remite o pone dichos registros electrónicos a disposición del banco emisor o del banco confirmador, con independencia de si el designado ha honrado o negociado, el emisor o el confirmador deberán honrar o negociar, o reembolsar al designado, incluso cuando un determinado hipervínculo o sistema externo no les permita examinar uno o más registros electrónicos que se han hecho disponibles entre el banco designado y el emisor o el confirmador, o entre el confirmador y el emisor.

- **Artículo e8: Notificación de rechazo**
Cuando un banco designado que actúa conforme a su designación, un banco confirmador, si lo hay, o el emisor emiten una notificación de rechazo de una

presentación que incluye registros electrónicos, y no reciben instrucciones de la parte a la que se efectúa la notificación de rechazo respecto a la disposición de los registros electrónicos dentro de los treinta días naturales desde la fecha en que se realiza dicha comunicación formal, el banco devolverá al presentador cualquier documento en papel que no se haya devuelto anteriormente, pero podrá disponer de los registros electrónicos del modo que considere apropiado sin más responsabilidad por su parte.

- **Artículo e9: Originales y copias**
  Toda estipulación para la presentación de uno o más originales o copias de un registro electrónico se satisface mediante la presentación de un registro electrónico.

- **Artículo e10: Fecha de emisión**
  Un registro electrónico debe aportar una evidencia de la fecha de su emisión.

- **Artículo e11: Transporte**
  Si un registro electrónico que evidencia el transporte no indica una fecha de embarque, de despacho o de toma para carga o una fecha en el que las mercancías fueron recibidas para transporte, la fecha de emisión del registro electrónico se considerará

como la de embarque, de despacho o de toma para carga o aquella en que las mercancías fueron recibidas para transporte. Sin embargo, si el registro electrónico incorpora una anotación que evidencia la fecha de embarque, de despacho o de toma para carga o aquella en que las mercancías fueron recibidas para transporte, la fecha de la anotación será considerada como la de embarque, de despacho o de toma para carga o la aquella en que las mercancías fueron recibidas para transporte. Dicha anotación mostrando datos adicionales no necesita estar firmada separadamente o autenticada de otro modo.

- **Artículo e12: Corrupción de los datos de un registro electrónico**
    a. Si un registro electrónico recibido por un banco designado, tanto si actúa conforme a su designación como si no, por un banco confirmador, si lo hay, o por el emisor parece estar afectado por una corrupción de datos, la entidad financiera podrá informar al presentador y solicitar que le sea presentado de nuevo.
    b. i. Si el banco efectúa dicha solicitud, el plazo de examen se suspende y se reanuda cuando el registro electrónico es presentado de nuevo.
       ii. Si el banco designado no es banco confirmador, debe proporcionar al banco emisor

y a cualquier banco confirmador una notificación de la solicitud de nueva presentación e informar de la suspensión.

iii. Si no se vuelve a presentar el mismo registro electrónico en el plazo de treinta días naturales, o no más tarde de la fecha de vencimiento o último día para presentación, cualquiera que sea lo que ocurra en primer lugar, el banco puede considerarlo como no presentado.

- **Artículo e13: Exoneración adicional por responsabilidad en la presentación de registros electrónicos al amparo de las eUCP**

  a. Al comprobar la autenticidad aparente de un registro electrónico, los bancos no asumen ninguna responsabilidad por lo que respecta a la identidad del emisor, la fuente de información o su carácter completo e inalterado, más allá de la que resulta aparente en el registro electrónico recibido mediante la utilización de un sistema de proceso de datos para la recepción, autenticación e identificación de registros electrónicos.

  b. El banco no asume ninguna obligación ni responsabilidad por las consecuencias resultantes de la falta de disponibilidad de un sistema de proceso de datos que no sea el propio.

- **Artículo e14: Fuerza mayor**

  El banco no asume ninguna obligación ni responsabilidad por las consecuencias resultantes de la interrupción de su propia actividad, incluyendo su incapacidad para acceder a un sistema de proceso de datos, o al fallo de equipos, software o redes de comunicaciones, provocada por catástrofes naturales, motines, disturbios, insurrecciones, guerras, actos terroristas, ciberataques, huelgas o cierres patronales u otras causas que estén fuera de su control, incluyendo el fallo de equipos, software o redes de comunicaciones.

Créditos contingentes

Como ya hemos visto, los créditos contingentes, conocidos también como créditos *stand by*, están reconocidos como garantías independientes en la Convención de las Naciones Unidas. Se llaman *stand by*, porque mientras los envíos que pueda efectuar el exportador van siendo pagados, el crédito se encuentra en espera y solo se ejecuta en caso de incumplimiento. Esta modalidad se utiliza principalmente en Estados Unidos, y si bien pueden regirse por las mismas reglas que los otros créditos documentarios (UCP 600), a veces se emiten sometidos a unas reglas propias, conocidas como ISP 98.

Estos créditos no garantizan una operación en concreto, sino la solvencia en general de un deudor. Para hacerlos efectivos, el acreedor deberá certificar que ha remitido las mercancías, adjuntando copias de los documentos de transporte y factura, y que el cobro no ha sido recibido, por lo que entonces será el banco emisor el que deberá efectuar el abono al exportador.

Los créditos documentarios y los contingentes son operaciones de naturaleza distinta. Las principales diferencias existentes entre ellos son:

- Mientras los créditos documentarios cubren operaciones comerciales, los contingentes están destinados a operaciones financieras.
- La idea del beneficiario de un crédito documentario es utilizarlo, mientras que la de un beneficiario de un crédito contingente es no tenerlo que emplear.
- En el crédito documentario se exigen documentos originales, mientras que en los contingentes valen copias.
- Los créditos documentarios no pueden acogerse a las reglas de los créditos contingentes (ISP 98) mientras que estos sí pueden acogerse a las de los primeros (UCP 600).
- Los créditos documentarios no prevén la renovación automática, mientras los contingentes contemplan lo que se conoce como renovacion automática o *evergreen clause*.
- En los créditos documentarios se disponen de 21 días para presentar documentos, mientras que en los contingentes la presentación debe ser inmediata.

- En los documentos de los créditos documentarios, se espera que el idioma sea el del propio crédito, pero en los contingentes se exige.

- En los créditos documentarios no debe presentarse un documento de demanda de pago, mientras que en los contingentes es preciso hacerlo.

- En los crédito documentarios los bancos disponen de cinco días hábiles para el examen de documentos, y en los contingentes el plazo es de entre tres y siete días.

- Los créditos documentarios no se pueden sindicar, mientras los contingentes sí.

Reglas ISP 98

Las reglas que regulan los créditos contingentes fueron dictadas en 1998 por el Instituto de Derecho y Práctica Bancaria Internacional *(Institute of International Banking Law and Practice),* y adoptadas por la Comisión Bancaria de la Cámara de Comercio Internacional. Por derechos de propiedad intelectual, debemos limitarnos a divulgar su índice.

- **Regla 1** (apartados 1.01 al 1.09). Comprende las disposiciones generales y hace referencia al ámbito, aplicación, definiciones e interpretación de estas reglas.

- **Regla 2** (apartados 2.01 al 2.07). Contempla las obligaciones de las partes.
- **Regla 3** (apartados 3.01 al 3.13). Hace referencia a la presentación.
- **Regla 4** (apartados 4.01 al 4.21). Regula el examen de documentos.
- **Regla 5** (apartados 5.01 al 5.09). Trata sobre las notificaciones, las exclusiones y la disposición de los documentos.
- **Regla 6** (apartados 6.01 al 6.14). Regula la transferencia, cesión y transferencia por ministerio de la ley.
- **Regla 7** (apartados 7.01 al 7.02). Trata sobre la cancelación.
- **Regla 8** (apartados 8.01 al 8.04). Se refiere a las obligaciones de reembolso.
- **Regla 9** (apartados 9.01 al 9.05). Trata sobre los plazos.
- **Regla 10** (apartados 10.01 al 10.02). Hace referencia a la sindicación y la participación.

Model forms

Al igual que con las garantías a primer requerimiento, los créditos contingentes disponen de un modelo redactado por la *International Law and Practice*, que reproducimos a continuación.

ISP98 Form 1

Model Standby Incorporating Annexed
Form of Payment Demand with Statement*

- [name and address of beneficiary]
- [date of issuance]
- Issuance. At the request and for the account of [name and address of applicant] ("Applicant"), we [name and address of issuer at place of issuance] ("Issuer") issue this irrevocable standby letter of credit number

---

This ISP98 Form 1 model standby includes terms that ISP98 indicates should be included in a standby. It includes terms that restate other ISP98 rules for the avoidance of doubt, e.g., that the standby is irrevocable and permits partial demands. It uses words, phrases, and spellings that are used in ISP98. It also includes optional terms that are specific about when and how payment will be made.

This ISP98 Form 1 incorporates an annexed model form of payment demand that includes terms that ISP98 indicates should be included when making a presentation. This demand form also includes beneficiary statements of a type the applicant or beneficiary may desire in order to identify the underlying obligation(s) to be supported by the standby (and to be satisfied upon honour of the standby).

[reference number] ("Standby") in favour of [name and address of beneficiary] ("Beneficiary") in the maximum aggregate amount of [currency/amount].

– Undertaking. Issuer undertakes to Beneficiary to pay Beneficiary's demand for payment in the currency and for an amount available under this Standby and in the form of the Annexed Payment Demand completed as indicated and presented to Issuer at the following place for presentation: [address of place for presentation], on or before the expiration date.

The annexed demand form may also be used as a precedent by a beneficiary preparing a demand to be presented under an ISP98 standby that does not specify the entire form of demand to be presented. See ISP98 Form 5 (Simplified Demand Only Standby).

This ISP98 Form 1 is intended to be self-contained and, absent special circumstances, useable without extended reference to the text of ISP98.

The endnotes to this form include alternative and other optional terms, as well as references to relevant ISP98 rules. Other ISP98 model standby forms vary this form, e.g., by adding text and annexes (with relevant endnotes) that focus on expiration, reduction, transfer, confirmation, and counter standby support.

This form is published for educational purposes and not as legal or professional advice. Potential users should consult with their own advisers in the drafting or use of a standby letter of credit. ISP98 and letter of credit educational and training materials, including The Official Commentary on the International Standby Practices containing official interpretations of ISP98, are available from IIBLP at www.iiblp.org.

- Expiration. The expiration date of this Standby is [date].
- [*Payment. Payment against a complying presentation shall be made within 3 business days after presentation at the place for presentation or by wire transfer to a duly requested account of Beneficiary. An advice of such payment shall be sent to Beneficiary's above-stated address.*]
- [Drawing. Partial and multiple drawings are permitted.]
- [Reduction. Any payment made under this Standby shall reduce the amount available under it.]
- ISP98. This Standby is issued subject to the International Standby Practices 1998 (ISP98) (International Chamber of Commerce Publication No. 590).
- [Communications. Communications other than demands may be made to Issuer by telephone, telefax, or SWIFT message, to the following: [numbers/addresses]. Beneficiary requests for amendment of this Standby, including amendment to reflect a change in Beneficiary's address, should be made to Applicant, who may then request Issuer *to issue the desired amendment.*]

[Issuer's name]

[signature]

Authorized Signature

Annexed Payment Demand

[INSERT DATE]

- [name and address of Issuer or other addressee at place of presentation as stated in standby]
- Re: Standby Letter of Credit No. [reference number], dated [date], issued by [Issuer's name] ("Standby")
- The undersigned Beneficiary demands payment of [INSERT CURRENCY/AMOUNT] under the Standby.
- Beneficiary states that Applicant is obligated to pay to Beneficiary the amount demanded[, *which amount is due and unpaid*] under[*or in connection with*] the agreement between Beneficiary and Applicant titled [agreement title] and dated [date].
- [*Beneficiary further states that the proceeds from this demand will be used to satisfy the above-identified obligations and that Beneficiary will account to Applicant for any proceeds that are not so used.*]
- Beneficiary requests that payment be made by wire transfer to an account of Beneficiary as follows: [INSERT NAME, ADDRESS, AND ROUTING NUMBER OF BENEFICIARY'S BANK, AND NAME AND NUMBER OF BENEFICIARY'S ACCOUNT].

[Beneficiary's name and address]

By its authorized officer:

[INSERT ORIGINAL SIGNATURE]
[INSERT TYPED/PRINTED NAME AND TITLE]

[Before the standby is issued, all text in [bold] should be completed, and optional text in [*italics*] should be included or deleted (or redrafted). Text in the annexed demand form preceded by "INSERT" (or other ALL CAPITALS guidance) and in [ALL CAPITALS UNDERLINED] is to be completed as indicated when the beneficiary prepares and presents a demand.]

Capítulo 6
Casos de estudio

Casos de estudio de riesgo país

América Latina: Calzados Puchades

Calzados Puchades, SA, es una empresa centenaria, fundada en 1910 por un entonces jovencísimo Vicente Puchades en la población de Burjasot, municipio perteneciente a la zona conocida como Huerta Norte de Valencia, en España. Se dedica a la fabricación de calzado, si bien por aquel entonces su primer propietario se especializó en la confección de alpargatas de cáñamo, típicas de los agricultores de la zona. Poco a poco estas alpargatas fueron alcanzando fama por su esmerada confección, y su mercado se fue ampliando a muchas otras poblaciones de la comarca primero y de toda la región valenciana después. Tras la Guerra Civil española, la empresa recuperó impulso, y Vicente Puchades empezó a abrir tiendas propias desde donde vendía sus manufacturas.

Al jubilarse en 1950, el fundador de la empresa fue sustituido por su hijo Vicente, que continuó inicialmente con la fabricación de alpargatas, pero, al ver que aquella zona dejaba de ser agrícola para irse transformando en industrial, tuvo la visión de dar un giro importante a su negocio y comenzó a fabricar también calzado urbano, zapatos tanto para hombre como para mujer, si bien continuó confeccionando también las conocidas alpargatas. La sociedad fue creciendo debido a que estaba bien gestionada y se amplió también el número de puntos de venta, muy especialmente en la ciudad de Valencia.

En 1990 tomó el relevo empresarial la tercera generación, pero la compañía tuvo que afrontar una fuerte crisis por la competencia del calzado chino, que obligó a muchas empresas a cerrar sus puertas. Calzados Puchades apostó por un cambio de estrategia empresarial y abandonó la fabricación de calzado estándar, apostando por el de alto diseño, con el que los empresarios chinos no podían competir. Para ello, recurrió a un acuerdo de empresa conjunta o *joint venture* con la sociedad italiana Fratelli Visconti SpA y dejó a nivel casi residual la fabricación de calzado estándar, centrándose en los modelos de alto nivel y continuando como siempre con la fabricación de alpargatas tradicionales.

En la actualidad, después de la positiva experiencia de la asociación con la firma italiana, Calzados Puchades ha decidido seguir con su proceso internacionalización y repetir esta fórmula para abordar su expansión en otras zonas del mundo en crecimiento. Tras unos primeros contactos, está en conversaciones con fabricantes de calzado en Chile, Brasil y Argentina. Se trataría de constituir o comprar una empresa local ya existente, para, en forma de empresa conjunta, desarrollar la fabricación de calzado en el país elegido. Antes de iniciar conversaciones en detalle y abordar los temas contractuales, Calzados Puchades ha encargado a su director general un estudio de los riesgos que supone esta fase de internacionalización y especialmente, el riesgo país de cada uno de los citados.

¿Qué factores de riesgo (políticos, económicos y sociales) y qué conceptos de negocio analizarías en este caso?

Sudeste Asiático: Cotonificio Bergamasco

Cotonificio Bergamasco era una antigua transformadora textil que se especializó en la confección de camisas de vivos colores y estampados para el mercado caribeño de alto poder adquisitivo. Debido a la calidad de su producto, sus clientes caribeños aceptaban unas condiciones de pago muy estrictas. Cotonificio Bergamasco SRL, facturaba en euros porque no quería correr riesgos de cambio y exigía los pagos a la vista mediante remesas contra entrega de documentos.

La actividad principal de esta empresa consistía en adquirir telas a los numerosos fabricantes de la zona y confeccionar las camisas en sus talleres, siguiendo sus diseños propios. Sin embargo, la crisis de los fabricantes textiles en Europa dejó a Cotonificio Bergamasco prácticamente sin suministradores, y los que quedaron pedían unos precios muy altos, con lo que su producto acabado perdía competitividad en los mercados caribeños.

Dado que disponía de un excelente servicio de diseño y de unos magníficos clientes, Cotonificio Bergamasco decidió abordar un importante proceso de internacionalización, consistente en confeccionar sus prendas montando una fábrica propia en un país con costos moderados. Después de un primer análisis, decidió que la zona del mundo mejor situada para ello era el Sudeste Asiático y concretó sus estudios en tres países: Vietnam, India e Indonesia.

Así pues, el primer paso consistía en decidir la ubicación de la nueva fábrica, para lo que había que abordar previamente los respectivos análisis de riesgo país, gestión que se encargó al director general de la empresa, el cual debía presentar un estudio sobre los puntos fuertes y débiles de cada uno de estos países, considerando los riesgos de la internacionalización.

¿Qué factores de riesgo (políticos, económicos y sociales) y qué conceptos de negocio analizarías en este caso?

Caso Licitaciones y Obras Internacionales SAE

Para practicar en el campo de las garantías internacionales a primer requerimiento, proponemos el siguiente caso de estudio.

El Ministerio de Sanidad de Egipto, convoca bajo la referencia H-1036/07 una licitación internacional para la construcción y equipamiento de un hospital, en la zona norte de Port Said.

En las condiciones generales de la misma, se establece que el precio máximo a ofertar será de 3.500.000 dólares estadounidenses, y que el plazo máximo de entrega de las obras, llaves en mano, será de cuarenta meses después de la adjudicación.

Se especifica también que tanto el coste del anuncio de licitación como los gastos de los avales (que deberán presentarse en papel), correrán a cargo del adjudicatario.

Para acudir a dicha licitación, el Ministerio de Sanidad egipcio exige una garantía del 8 % del valor total ofertado, que debe ser prestada por un banco egipcio de primera línea, a poder ser el Bank of Cairo.

Licitaciones y Obras Internacionales SAE, sociedad europea especializada en este tipo de operaciones, acude a esta licitación presentando una oferta, bajo el número OF-5944 por 3.200.000 dólares, y cifra en 36 meses el tiempo de ejecución total.

Al cabo de un mes, una vez abiertas las ofertas recibidas, la de Licitaciones y Obras Internacionales SAE resulta ganadora y el Ministerio de Sanidad egipcio la convoca a las reuniones preparatorias para la firma del contrato.

Este se acaba firmando de inmediato, bajo el número HE 071036, por el total citado de 3.200.000 dólares, que comprende, por una parte, la obra civil, la cual consta de tres plantas, que deben estar finalizadas según el siguiente calendario: a los 10 meses después de la firma, la estructura; a los 20 meses, la cubierta, la fachada y la albañilería; a los 30 meses, los acabados e instalaciones y a los 34 meses, el equipamiento, que debe consistir en material y aparatos de quirófanos, los cuales deben ser de origen alemán, y camas y mobiliario, que tienen que ser italianas.

Finalizado este periodo, el Ministerio se reserva un mes de plazo para verificar el correcto funcionamiento del material de equipamientos.

Las indemnizaciones que se prevén por incumplimiento son de 100.000 dólares en caso de retrasos en las finalizaciones previstas para la obra civil y de 50.000 dólares si se trata de equipamientos no conformes con el contrato.

Por su parte, Licitaciones y Obras Internacionales SAE incluye un cobro a cuenta, que se desembolsará al cabo de treinta días de haberse firmado el contrato y que debe ascender al 10 % del total. Este pago anticipado se compensará con los primeros pagos debidos, que se establecen en el siguiente modo:

- A los 10 meses, 600.000 dólares.
- A los 12 meses, 500.000 dólares.
- A los 18 meses, 500.000 dólares.
- A los 24 meses, 500.000 dólares.
- A los 30 meses, 550.000 dólares.
- A los 36 meses, 550.000 dólares.

Licitaciones y Obras Internacionales SAE exige al Ministerio de Sanidad egipcio que las obligaciones de pago de este sean avaladas por el Banco del Sur de Europa.

Los beneficiarios de los distintos avales exigen que estos sean emitidos por la entidad financiera de su país, por lo que deberán ponerse en juego también las contragarantías oportunas.

¿Cuántas garantías y contragarantías deben ponerse en juego?

Para acudir a la licitación, Licitaciones y Obras Internacionales será el ordenante de un aval de licitación. El Banco del Sur de Europa será el contragarante. El Banco de El Cairo será el garante y el Ministerio de Sanidad egipcio será el beneficiario.

Una segunda garantía será la garantía de cumplimiento, que cubrirá los plazos y obligaciones contractuales en las que incurre la constructora. En ella, el ordenante será Licitaciones y Obras Internacionales, y el contragarante, el Banco del Sur de Europa. El banco garante será el Banco del Cairo y el beneficiario el Ministerio de Sanidad Egipcio.

La tercera garantía la exigirá el Ministerio de Sanidad egipcio para cubrir el pago que ha efectuado por anticipado a la constructora. Será pues una garantía de pago anticipado, ordenada por Licitaciones y Obras Internacionales, siendo el Banco del Sur de Europa el contragarante. El garante será el Banco de El Cairo y el beneficiario, el Ministerio de Sanidad egipcio.

La cuarta garantía que se pone en juego es una garantía de pago, que cubrirá las obligaciones de pago del Ministerio de Sanidad egipcio. En ella, el ordenante será el Ministerio, y el Banco de El Cairo, el contragarante. El garante será el Banco del Sur de Europa y el beneficiario, Licitaciones y Obras Internacionales.

Finalmente, la quinta y última garantía será una garantía de mantenimiento para cubrir el mes de plazo que el Ministerio de Sanidad se reserva para verificar el correcto funcionamiento del material de equipamientos. En esta última garantía, el ordenante será la empresa constructora, como contragarante actuará el Banco del Sur de Europa, el garante el Banco de El Cairo, y el beneficiario será el Ministerio de Sanidad egipcio.

Bibliografía

Reglas y usos uniformes relativos a los créditos documentarios, *Cámara de Comercio Internacional,* Publicación CCI n.º 600.

Práctica bancaria internacional estándar, *Cámara de Comercio Internacional,* Publicación CCI n.º 745.

Commentary on UCP 600, *Cámara de Comercio Internacional,* Publicación CCI n.º 680.

Cómo evitar problemas con créditos documentarios, *Francisco Javier Fornt Alsina,* Comité Español de la Cámara de la Comercio Internacional, Publicación n.º 006.

ISP 98 international standby practices, *Cámara de Comercio Internacional,* Publicación CCI n.º 590.

Reglas relativas a las garantías a primer requerimiento, *Cámara de Comercio Internacional,* Publicación CCI n.º 758.

Financiaciones y garantías en el comercio internacional, *Georges Affaki,* Editorial Centro de Comercio Internacional, UNCTAD/OMC.

A user's handbook to the URDG, *Georges Affaki,* Publicación CCI n.º 631.

Garantías independientes a primer requerimiento, James Otis Rodner, Comité Español de la Cámara de la Comercio Internacional.

Le garanzie nel commercio internazionale, *Alfonso Santilli y Antonio di Meo,* Banca Popolare di Vicenza.

El crédito documentario y la carta de crédito *standby* en UCP 600, *Jorge Luis Riva,* Editorial Abeledo Perrot.

Trade finance, *Antonio Monteiro y Teresa Carvalho,* Banco Espirito Santo.

Colección: Gestiona
Director: David Soler

El riesgo país y las garantías internacionales
1.ª edición, 2020
© Xavier Fornt Alsina
© de esta edición, incluido el diseño de la cubierta, ICG Marge, SL
© Imagen de la cubierta: Shutterstock, Gajus

Edita: Marge Books
València, 558 – 08026 Barcelona
Tel. 931 429 486 - marge@margebooks.com
www.margebooks.com

Compaginación: Mercedes Lara
Impresión: Prodigitalk, SL (Martorell, Barcelona)

ISBN edición impresa: 978-84-17903-71-8
ISBN edición digital: 978-84-17903-72-5
Depósito Legal: B 17746-2020

El papel empleado en este libro no ha sido blanqueado con cloro elemental (Cl_2).

Gestión financiera del comercio internacional
Josep M.ª Casadejús

Guía documental para exportar e importar. Los 12 documentos clave
Alberto García Trius

Negociación para el comercio internacional
Cristina Peña Andrés

Crédito documentario. Guía para el éxito en su gestión
*Cristina Peña Andrés,
Amelia de Andrés Leal*

Anatomía de la creatividad
Llorenç Guilera Agüera

Manual del transporte en contenedor
Jaime Rodrigo de Larrucea

Guía práctica de las reglas Incoterms® 2020
David Soler

Soluciones logísticas
Francisco Álvarez Ochoa

Regímenes aduaneros económicos y procesos logísticos en el comercio internacional
Pedro Col

Manual de gestión aduanera. Normativas y procedimientos clave del comercio internacional
Pedro Coll

Manual de uso de las reglas Incoterms 2020
Alfonso Cabrera Cánovas

El crédito documentario y el mensaje SWIFT
Luis Sánchez Cañizares

Manual de transporte para el comercio internacional
Cristina Peña Andrés

Negociación intercultural. Estrategias y técnicas de negociación internacional
Domingo Cabeza, Pelayo Corella, Carlos Jiménez

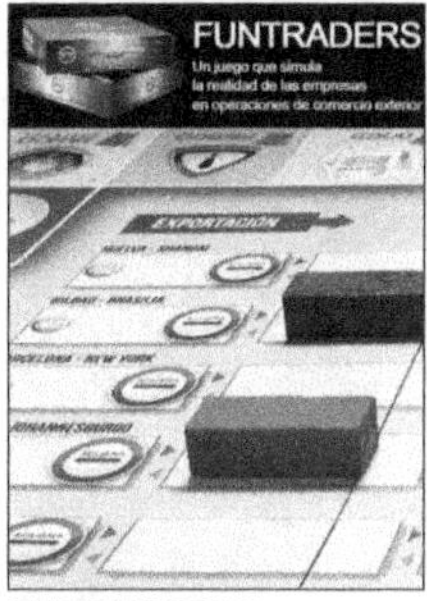

FUNTRADERS Un juego para aprender comercio internacional

Cómo participar en ferias comerciales
Cristina Peña Andrés

Transporte marítimo de mercancías. Los elementos clave, los contratos y los seguros
Rosa Romero, Alfons Esteve

Manual del transporte de mercancías
Jaime Mira, David Soler

València, 558 – 08026 Barcelona – Tel. +34-931 429 486 – marge@margebooks.com – www.margebooks.com